逆向思维

如何化解你内心的焦虑

少卿 编著

中国商业出版社

图书在版编目（CIP）数据

逆向思维：如何化解你内心的焦虑/少卿编著. —北京：中国商业出版社，2020.1（2022.6 重印）

ISBN 978-7-5208-0991-7

Ⅰ.①逆… Ⅱ.①少… Ⅲ.①焦虑—心理调节—通俗读物 Ⅳ.①B842.6-49

中国版本图书馆 CIP 数据核字（2019）第 269188 号

责任编辑：袁娜

中国商业出版社出版发行
（www.zgsycb.com　100053　北京广安门内报国寺 1 号）
总编室：010-63180647　编辑室：010-83128926
发行部：010-83120835/8286
新华书店经销
三河市华润印刷有限公司印刷

*

710 毫米×1000 毫米　16 开　14 印张　161 千字
2020 年 1 月第 1 版　2022 年 6 月第 11 次印刷
定价：46.00 元

****

（如有印装质量问题可更换）

前言

在这个互联网高度发达的时代，各种爆炸性信息层出不穷，最不缺的是一夜成名和一夜暴富的故事，让越来越多的人感到无所适从，努力想要让自己过得更好，为此莫名地增添了许多焦虑和不安。

这是信息时代，也是商品时代，商人们精明的眼光，总能预判市场的商业潜力。看着全社会的人都处于焦虑情绪中，他们以焦虑为卖点，制造出各种商品。女人最怕红颜易老，各种化妆品层出不穷；老人害怕失去健康，商家推出名目繁多的保健品；怕孩子输在起跑线上，各种培训机构遍布大街小巷；年轻人担心被淘汰，费尽心机考各种职业资格证……任何一个群体都有各自焦虑的原因，每个人都生活在恐惧和担忧中。

焦虑难道真的一无是处吗？其实，适当的焦虑对人们是有好处的，比如工作时，适度的焦虑提醒你该工作了，促使你认真负责地去完成工作；做菜时，刀从手中不小心掉下去，焦虑感促使你快速避开，以免脚被砸伤；当你揭开锅盖时，锅盖太热，手快速离开锅盖；孩子发烧时，焦虑感促使你带着孩子去看医生……一个人如果没有焦虑感，就会不思进取，不识危险，事业将会停滞不前，出现危险也不知道规避。

但是，如果焦虑过度，就会影响日常生活和工作，还会影响身心健康。过度焦虑使一些人不敢在公众场合说话；学生在考试前因为紧张焦虑，从而无法正常发挥；一些鸡毛蒜皮的小事，因为焦虑夸大了事情后果，搞得自己寝食难安等等，都会出现一系列对自己很不利的事情。

焦虑症只会影响自己的思维判断和行为能力，对解决问题起不到一点帮助。想要获得更好的生活，就要懂得放下，不去纠结无法掌控的部分，只努力做好能够掌控的部分。

《逆向思维：如何化解你内心的焦虑》一书，通过介绍焦虑的来源和焦虑的利弊，让读者对焦虑有个基本认识，从而深入挖掘引发焦虑的原因，以及如何化解各种焦虑。相信看过此书的朋友，一定会从书里找到适合自己缓解焦虑的好方法。

生命是有限的，让我们学会感受生活的美，懂得活在当下的重要，别让焦虑成为阻碍我们追求幸福的拦路石。

目录

001 第一章 理性认识焦虑：蛰伏在身边的隐性危机

什么是焦虑 / 002

导致焦虑的几大原因 / 006

焦虑者的五大特征 / 009

因思维方式引发的焦虑 / 011

适度的焦虑是推动力 / 014

认识焦虑等式 / 017

广泛性焦虑的症状 / 020

焦虑与恐惧的区别 / 022

027　第二章　坦然面对缺陷：越追求完美越产生焦虑

追求完美是最不完美的事 / 028

远离抑郁性焦虑，需要逆向解决 / 032

自卑源于放大弱点而忽略优点 / 035

要有顺其自然的心态 / 038

做自己，无论你是谁 / 041

强迫自己行动起来 / 044

适当犯错，因祸得福 / 047

没有谁的人生是由形体决定的 / 050

055　第三章　改变思维方式：社交焦虑便可迎刃而解

社交焦虑与自我意识 / 056

自我价值感低，导致社交焦虑 / 059

请相信，你是上帝咬过的苹果 / 063

你有"约会焦虑"吗 / 067

当焦虑不可避免地发生时 / 072

专注是缓解焦虑的好朋友 / 075

提前做好主动社交的准备 / 078

083　第四章　突破常规途径：轻而易举疏导负面情绪

了解负面情绪 / 084

焦虑是一枚通用钱币 / 087

通过自我认识治疗焦虑 / 090

释放情感，让焦虑走出来 / 093

若要别人接纳你，先接纳自己 / 097

善于调整心态，是人生的最大财富 / 100

当焦虑时，"装"出一个好心情 / 103

积极的情绪，是焦虑的敌人 / 106

109　第五章　轻松驾驭自我：不再为不确定焦虑而困扰

不确定感、焦虑和容忍度 / 110

在不安全中生存，是获得安全的唯一途径 / 112

通过逆向思维，消除不确定焦虑 / 116

不确定让我们收获更多的意外惊喜 / 119

焦虑是对自己能力的不确定 / 123

做好能做的，接受不能改变的 / 126

做真实的你，每个人的生活是自己的 / 129

133 第六章 改变认知行为：平复焦虑其实并不难

了解认知行为及认知治疗 / 134

想法并不等于事实 / 138

及时纠正错误的认知方式 / 141

提高认知水平，平复焦虑情绪 / 144

快乐是一剂良药 / 147

一切都是最好的安排 / 150

正确的想法引导正确的行动 / 154

改变想法才能改变情绪 / 159

163　第七章　停止无效努力:通过自我疗法治愈焦虑

寻找生命的意义 / 164

换个角度看问题 / 167

倾听内心的声音,用写作疗愈自己 / 170

敢于直面痛苦,才能获得重生 / 173

暴露疗法,让焦虑无处可藏 / 175

把劣势化为优势 / 178

尽最大的努力,做最坏的打算 / 181

给焦虑找一个合适的出口 / 183

187　第八章　不为欲望所累：选择极简主义的生活

极简主义可以拯救内心的焦虑 / 188

从整理开始，让生活变得简单些 / 191

拥有并不等于幸福 / 194

互联网时代，如何过健康的生活 / 198

物质焦虑背后的真相 / 201

告别多项选择带来的焦虑 / 205

给生活做减法，为内在做加法 / 208

第一章

理性认识焦虑：蛰伏在身边的隐性危机

适度的焦虑，时刻提醒我们哪些方面做得不够好，哪些方面需要改进，它是一种推动力。正确认识焦虑，任何东西都有两面性，如果能掌握好焦虑的度，它就能被我们所用。只要我们做情绪的主人，不做情绪的奴隶，就能把握自己的人生。

什么是焦虑

很多人都知道"杞人忧天"这个成语故事，说的是一个杞国人，担心天会塌下来，自己没有地方容身，因此愁得睡不着觉，吃不下饭。这个人就是典型的焦虑症患者。所谓焦虑，就是指对亲人或自己生命安全、前途命运等产生过度的担心，从而导致的一种烦躁情绪。这个过程中，常常表露出焦虑不安、烦躁苦闷、忧心忡忡、紧张恐惧等各种情绪。焦虑是对"未来可能会有危险发生"的担心和恐惧。

有些人长期处于焦虑中，总担心不幸发生在自己身上，以至于寝食难安，成为一种心理疾病。就像"杞人忧天"中的主人公，毫无根据地担心天会塌下来；有的人总是害怕自己得绝症，结果造成精神萎靡；有的人不敢出门，出门就怕被车撞着；有的人不敢去河边，看到水就想到溺亡……适度的焦虑对人们未必是坏事，可是这类异常焦虑，会造成人们身心不健康，成为精神疾病的一种，影响我们的生活和工作。

虽然许多时候我们不知道自己为何焦虑，但是焦虑者能真切地感受到焦虑的存在，它和疼痛一样，有很明显的症状。这点和抑郁症有明显区别，很多抑郁症患者，自己并不知道有这种负面情绪，只是觉得生活不开心。

第一章
理性认识焦虑：蛰伏在身边的隐性危机

因为今年高考数学题特别难做，原本数学成绩挺不错的何轩，竟然很多题目不会做。刚刚走出考场的她，忍不住号啕大哭，一边哭，一边自个嘟囔："没想到今年的数学这么难，很多题目不会做，不知道还能不能考上我心仪的大学？"

何轩表露出来的就是焦虑，当她意识到自己的高考结果，因为数学成绩而使自己处于"危险"状态时，不知不觉流露出的强烈情绪反应。

20世纪最伟大的心理学家，犹太知名医师、精神分析学家，被称为"维也纳第一精神分析学派"的弗洛伊德，他在研究心理学时，发现焦虑和恐惧是紧紧连在一起的。焦虑有很多种，但所有的焦虑都是来源于"冲突"，可能是自身内部的冲突，也可能是自身和外部世界的冲突。

弗洛伊德认为人类的头脑分为三个层次，最深层是"本我"，中间层是"自我"，最外面层是"超我"。

"本我"是一种无意识行为，按照快乐行事的原则，就像一口沸腾着本能和欲望的大缸，是满足当下和追求眼前利益的一切本能驱动力。

"自我"代表理性和机智，处于本我与超我之间。它就像一个仲裁者，监督着本我的行为，它的大部分能量都是消耗在控制和压制自我上。弗洛伊德对本我与自我间的关系，有个恰当比喻：本我是马，自我是马车夫。马是驱动力，马车夫掌握马的方向。当马不听使唤时，就会和马车夫发生矛盾，这时就要一方屈服。自我就像一个受气包，在外部世界、本我和超我的夹缝中生存，时刻调整三者间的冲突。

"超我"是人格的高层领导，代表良心和道德、自我理想和社会准则。它像一位严厉的家长，以行事至善为原则，约束本我，指导自我。

弗洛伊德认为，当本我、自我和超我间能够保持和平相处时，这个人才能处于健康发展中；当三者之间失去平衡，长久处于争吵状态时，就会产生冲突，导致神经症的产生。比如捡到东西的人，"还还是不还"，他内心便产生欲望和道德的冲突；一个贪玩的学生，"玩还是做作业"，出现即时满足和延时满足的冲突；一个出去旅游的人，"我是为了省钱坐动车呢，还是为了省时间坐飞机呢？"金钱和时间产生冲突。

根据产生冲突原因的不同，焦虑来源可分为如下三种。

1. 现实焦虑：自我与现实间的冲突

记忆、情感、意识、思想、感觉等这类活动平时都由自我管理，在三个"我"中，自我与外部发生直接联系。当我们感受到外界可能会产生一些危险时，自我会立即发出信号，让身体各部位及时启动自我保护。这个信号就是现实焦虑。

害怕外界危险带来的焦虑有：当我们的手指将要触碰到燃烧的火焰时；汽车失去控制时；作业太多怕完成不了时；工作没做完怕被老板批评时等这一类。

人类在进化过程中，为了提高生存率，养成了对潜在危险产生焦虑的能力，所以适当的现实焦虑对人是有好处的，它能激发人的行动力。比起没有焦虑感的人，有一定焦虑感的人，工作效率和质量都会略胜一筹。

第一章
理性认识焦虑：蛰伏在身边的隐性危机

2. 道德焦虑：自我与超我间的冲突

超我负责制造内疚和羞耻两种负面情感，它不是天生所具有的，是我们成长过程中因外界刺激而逐渐形成的。就像小时候，当孩子犯错时，父母是孩子道德的仲裁者，他们会惩罚孩子，这种惩罚的恐惧后来便形成了超我。

当自我的一些想法触犯社会道德的标准时，超我就会用内疚和羞耻两种情感来惩罚自我。在所有情感中，羞耻是最糟糕的一种。因为害怕被惩罚，当我们产生的想法可能会触犯道德时，自我就会及时发出信号，调动自身的防御系统和保护系统。这个信号就是道德焦虑。

3. 神经性焦虑：自我和本我间的冲突

神经性焦虑从某种程度上说，是建立在现实焦虑的基础上，它是三种焦虑中最复杂而神秘的一种。当我们的本能感觉现实中将要发生危险，或者本能产生的欲望太过强烈，自我将无法控制。为了避免这类事情发生，自我会发出警示信号，即焦虑。

之所以说神秘而复杂，是因为这种还没发生的危险和恐惧，还在本我中，也就是在潜意识里，自我完全没有感受到，但是却出现莫名的、解释不清的焦虑，自己都不知道为何而焦虑。

焦虑本身不会致病，在抗焦虑的过程中，所做的一系列行为反应有可能导致疾病。过度焦虑除了和焦虑症有直接关联，强迫症、恐惧症、人格障碍症等，都和焦虑有着相关联系。

焦虑的不确定性和复杂性，能够让我们在正负两种情感中都感受到。产生焦虑的危险，可能来自内心世界，或者现实世界，这种危险可能是真实的，也可能只存在于我们记忆中，或者根本只是我们想象出来的。不管哪种焦虑，都有共同的功能，那就是预知危险，保护自己。

导致焦虑的几大原因

焦虑症，又称为焦虑性神经症，是神经症这一大类疾病中最常见的一种，以焦虑情绪体验为主要特征。可分为慢性焦虑（广泛性焦虑）和急性焦虑发作（惊恐障碍）两种形式。广泛性焦虑的特征是，在没有明确的恐惧对象时，经常或持续地紧张不安及过度焦虑。它与周围的环境关系不大，一般是由过度担忧引起。

焦虑症患者的紧张不安和过分担忧，常常和现实不符。他们总是习惯性地把一些事物的结果想得特别严重，强调的是不利因素，忽视的是有利因素。在这样的状况下，常常夸大事物危险的严重后果，这些后果带给他们生理和心理上的难受和不安，却又没有办法摆脱。广泛性焦虑患者情绪和躯体上会有以下主要症状。

（1）情绪症状。思想集中于关注的焦点，忽视其他事物，在没有明确对象和内容的情况下，常常出现过分担忧、紧张害怕、提心吊胆、忧心忡忡、患得患失等负面情绪。

（2）躯体症状。头晕、目眩、胸闷、心悸、腹痛、出汗、耳鸣、震颤、坐立不安、口干舌燥、尿频尿急等现象。

人有多种情绪，比如愤怒、厌恶、恐惧、喜悦、悲伤等，情绪会依据事物的变化而起伏不定。焦虑是一种正常情绪，像其他情绪一样，也会随着事物的变化而变化。但是，如果焦虑过度，就会变成一匹脱缰的野马，不受人控制。焦虑常常和恐惧连在一起，当我们将要面临危险或威胁时，会不由自主地产生焦虑。

第一章
理性认识焦虑：蛰伏在身边的隐性危机

一位母亲半夜醒来，听到身边的孩子呼吸急促。她打开灯，看到孩子的小脸红通通的，用手一摸，烫得厉害。她第一反应就是孩子发烧了，得赶紧去医院。这位母亲立即起床，带着孩子去了医院。

孩子发烧是生病的表现，母亲知道后很焦虑，有助于母亲及早带着孩子去看病，以免耽误孩子病情。从这里看，适度的焦虑是有好处的，它帮助人们及早做出判断和行动，降低事物带来的不良后果。

另一位母亲半夜醒来，听到身边的孩子呼吸急促。她打开灯，看到孩子的小脸红通通的，用手一摸，烫得厉害。她第一反应是孩子得了白血病，因为她哥哥的孩子得了白血病，常常发高烧，她害怕得哭了起来。连忙带着孩子去医院，经过检查，医生告诉她，孩子只是因为细菌感染而发烧，让她别担心。

这位母亲不放心，怕医生误诊，离开这家医院后，又去了另一家医院检查，医生同样告诉她，是因为细菌感染而发烧。这位母亲总觉得不放心，打算再去第三家医院检查。

第二位母亲就是焦虑过度，从孩子常见的发烧想到白血病，夸大了事物实际存在的危险。并且通过不断换医院找医生检查，试图用这种方式保护自己。当焦虑程度很严重时，就是焦虑症，它会妨碍一个人对正常事物做出正确的判断和应对，甚至会妨碍人们的日常生活和工作。那么，导致焦虑的主要原因是什么呢？

1. 追求完美

完美主义者对任何事情都有高标准要求，如果达不到心目中设置的高标准，就会出现紧张担忧、坐立不安、夜不能寐等症状。同时，追求完美会带来很大压力，总是长吁短叹、心烦意乱，因此而产生焦虑。

2. 身体有疾病

有些人身体有疾病，比如得了肿瘤、高血压、糖尿病、乙肝、胃炎、脂肪肝等疾病，害怕疾病出现变故，总是忧心忡忡，如果心理得不到有效缓解，就会出现焦虑情绪。

3. 生存压力感

现代社会竞争激烈，每个层次的人群都有着不同的压力：学生学习繁重，工人希望加薪，中层干部希望晋升，老板希望企业能再发展等，还有大家普遍存在的房贷和孩子教育问题，一系列的压力导致很多人产生焦虑情绪。

4. 社会认同感

现代社会都是看结果的时代，没有人有耐心来看过程。在没有社会认同感的情况下，会让人产生焦虑。特别是原本处在同一个群体的同伴，突然有一天，发现很多人都走到了自己前头，落后的人就会产生焦虑。同样，走在前面的人也会有焦虑，因为他们看到了身边更多更优秀的人。

5. 自视甚高

一个人如果读书时成绩很好，名牌大学毕业。结果找工作时，没有找到一份满意的工作，想到曾经优秀的自己，现在的处境还不如原本学习不如自己的人，就会不由自主地产生焦虑。如果不及时找到平衡内心的方法，焦虑会越来越严重。

6. 精神心理因素

生活中遭遇过巨大事件的人，比如亲人意外离世，遇到天灾人祸，遭受朋友背叛等情况，精神、心理经受过很大的创伤等。一些心理脆弱的人，承受能力相对低下，更容易造成焦虑症。

第一章
理性认识焦虑：蛰伏在身边的隐性危机

适度的焦虑有助于我们规避现实中的危险，有助于提高工作效率，会对我们的日常生活带来好处。如果过度焦虑，就会对身心造成很大的伤害。孔子曾说"尽人事，听天命"，有些东西我们能够掌握，有些东西我们无法掌握。任何事物的存在都有两面性，我们不拒绝焦虑，因为适度的焦虑有助于我们更好地工作和生活，只是要学会把握好度。

焦虑者的五大特征

病态的焦虑是指人们在没有明确对象和内容的情况下，长期性地存在无缘由的焦躁不安，并因此引起身体上的不适。焦虑症患者在生理上或心理上出现这些症状的原因是他们思维扭曲，认知出现问题，对自己感受到的危险过度夸大，对任何事物的发展都做灾难性的猜想。

他们认知的内容大都与身体、心理和社会危险有关。身体上的担忧有害怕得疾病、死亡、残疾等；心理上的担忧是害怕自己失败，怕被别人瞧不起，怕引起别人注意，怕出错等；社会危险上的担忧是坐飞机怕不安全，出门怕遇到坏人，怕发生不测事件等。对这些发生概率极小或根本不可能发生的事，由于有选择性地担心害怕、紧张恐惧，从而造成不必要的严重焦虑感。

焦虑者最明显的特征是以下四大类。

1. 任何事物只有对错之分

一件事，站在不同的角度会有不同的答案，很多时候，无法清楚地界定对与错。焦虑者常常用极端思维思考问题，导致对多样性事物的认识缺乏一定的准确性，偏激的方式给自身和他人带来不利的后果。

2. 难以面对失败

很多焦虑症患者都是内心脆弱的人，他们无法面对生活中的失败，只看到事情不利的一面，不会换个角度去看问题，导致思维走入死胡同，对自己和世界总是感到失望，因此陷入消极情绪中。

小玫是话剧演员，在一场新戏排练中，单位领导要在小玫和另一位女演员中，最后敲定一名主演。经过一段时间的刻苦训练，最后小玫落选了。小玫感到万念俱灰，觉得自己真没用，不知道未来的路在哪里。如果小玫能换个角度去想，这未尝不是一件值得欣慰的事。毕竟单位里有很多女演员，正是因为她的优秀，才能让她走到最后竞争的舞台上。可是小玫没有这样想，只看到悲观的一面。

3. 夸大事实的严重后果

李刚的一位同事，因为工作出大错而被开除。自那天以后，李刚开始惶惶不可终日，总担心自己也会被开除。每次远远看到老板，能避开就尽力避开，怕老板一遇见自己，就想起开除自己的事。有时候，老板来他的办公室，他总感觉老板是来观察自己是否在努力工作，想要找借口开除自己。每天他在单位，说话做事都是小心翼翼。也因为这事，他开始失眠，精神越来越不佳。

如果老板要开除李刚，他是没有办法控制事情发展的。如果想象中的坏事不会来临，这些紧张害怕只是空担心；如果这事要发生在自己身上，又是自己无法改变的事，担心紧张也没用。李刚不应该抱着"如果……的话，怎么办"来折磨自己，而是应该正常工作，坦然接受命运的安排。

4. 理智看待问题

人类具有理性思维和感性思维，理性思维促使我们做出准确的判断，当面对一些突发情况时，人们往往容易失去理性思维，让感性思维做出错误的判断。理性思维有助于我们全面思考问题和解决问题，而感性思维常常带我们走上歧途，使问题更加复杂化。

婷婷和小凯是一对情侣。近段时间，婷婷因为加班，常常回家很晚。小凯提出去接婷婷下班，婷婷没有同意。小凯怀疑婷婷爱上了别的男生，常常借故和婷婷吵架。婷婷很累，不想和他吵架。小凯认为婷婷连架都懒得和自己吵，更是认定她爱上了别的男生。小凯想："我那样爱她，如果她离开我，我要如何活下去？"

不久，小凯的生日到了。那天一大早，婷婷买来各种食材，亲自给小凯做生日蛋糕。这时，他才知道，原来这段时间，婷婷为了给他一个惊喜，趁晚上下班时间，去学做蛋糕了。

焦虑者很大原因是思维方式出现错误，当一件事未按着自己想象的方向发展时，就会朝着可能发生的坏方向去想，并把事情想得很严重。

因思维方式引发的焦虑

情绪分正面情绪和负面情绪。心理学上把开心、乐观、自信、欣赏、放松等情绪称为正面情绪，是一种积极的情绪，有益于工作和生活；把焦虑、紧张、愤怒、沮丧、悲伤、痛苦等情绪称为负面情绪，此类情绪体验是不积极的，不但身体会有不适感，而且会影响正常的工作和生活，进而有可能引起身心的伤害。焦虑属于负面情绪，是一种常见的、基本的心理体验，在经受焦虑时，人各方面会有不同的感受。

焦虑的本质不是因为无知，而是因为思维方式影响了一个人对事物做出正确的判断：①影响注意力：会让人的全部注意力专注在可能带来的危险事物上；②影响判断事情的方式：大部分事情都具有两面性，能够从好处看，也能从坏处看，焦虑者总是把事情往坏处想，并且夸大坏处；③影响逻辑推理：面对让自己焦虑的事物，在逻辑推理过程中，通常是向坏处发展的方向推理；④影响心理承受能力：在焦虑情绪的影响下，认知能力偏离正常轨道，夸大了不可预知的事物给自己带来巨大的压力；⑤真实感受：当挫折来临，自己没有承受挫折的能力，感到命运对自己很不公平，从而产生悲观的情绪，整日沉浸在焦虑和不安中。

海岭今年28岁，几年前交往过一个女朋友，因为没钱在县城买房子，最后女朋友和他分手了。现在，海岭又交了个女朋友，和他在同一个单位上班，已经交往了半年。他俩都住在单位宿舍里，海岭住男宿舍，女朋友住女宿舍。

这段时间，女朋友老说忙，连续几个晚上，海岭想约女朋友出来走走，她都没有同意。周六晚上，女朋友给海岭打电话，让他周日帮自己买点药。周日一早，海岭给女朋友买了药，打电话给她。女朋友说，还在睡觉，不想起床，让海岭把药先放在女生宿舍的传达室。

过了半小时，海岭买了早餐，想给女朋友送去。来到传达室，发现药不见了，连忙给女朋友发微信视频，女朋友没接。

第一章
理性认识焦虑：蛰伏在身边的隐性危机

海岭想到女朋友刚刚说不想起床，仅仅半个小时，药就不见了。接他电话时，听她说话的声音，并不是睡意蒙眬，而是很清醒的举动。想到女朋友近来反常的举动，又不肯接微信视频，海岭断定女朋友此刻一定和别的男人在一起。

海岭越想越难受，想到自己对女朋友一片真心，女朋友却如此对他。又想到远在家乡的父母，一直希望自己能带女朋友回家，如果这次又被劈腿了，自己该如何面对父母？此时，海岭感到呼吸急促、浑身发抖，不知道该怎么办。

他断定女朋友是因为他买不起房子而要和他分手，他感到很悲哀，想到命运对自己真不公平。父母是老实巴交的农民，哪有钱给他在城里买房啊。

想到即将离去的女朋友，海岭万念俱灰。不知不觉，海岭已经走到一条河边，看着滔滔河水滚滚向前，他想："我这样没用，连个女朋友都留不住，人生还有什么意义，如果从这里跳下去，就一了百了了。"

这时，电话忽然响了，是女朋友打来的。女朋友在电话里说："我本来还想再睡一会儿，可是突然要上卫生间，就起来了。既然起来了，就去传达室拿了药，原本还想继续睡，因为肚子饿了，就去食堂吃早饭了。出门忘了带手机，没有看到你发的微信。你现在在哪里？"

海岭因为女朋友不接他电话，感到焦虑，由此联想到女朋友是嫌他穷，要和他分手。从女朋友不接视频，推断她一定是和别的男人在一起。因为焦虑产生判断错误，通过想象，夸大此事发生的可能性和严重性，导致他产生悲观绝望的念头，最后想到了自杀。

焦虑和思维方式存在双向关系，焦虑影响思维方式，越焦虑思维方式越偏激。反之，思维方式越偏激，导致焦虑程度越严重。当焦虑和思维方式的相互作用不断加深时，犹如火上浇油，会把焦虑推向更深的程度，让人陷入痛苦不堪的境地。

适度的焦虑是推动力

心理学家通过实验证明，焦虑与工作效率有关，过低或过高都达不到最高的工作效率，只有在适度焦虑时才能达到最高工作效率，所以说，焦虑和工作效率的关系呈倒"U"形。

一定程度的焦虑能够让人表现更好，这和"不现实的乐观主义"的心理现象有关。大多数人一生中都会有这样的倾向偏好：忽视负面信息，偏爱符合我们心情需要的信息。通常情况下，我们会自动忽略那些对自己造成负面作用的信息，而是愉快地接受对自己有好处的信息。有人研究得出，当人处在焦虑状态时，这种"不现实的乐观主义"会消失，能够客观地接受信息，做出更好的决策。也就是说，适当的焦虑能够帮助我们客观地认识问题，而不是单纯地看到好或不好的一面。

乐观主义分为现实乐观主义和不现实乐观主义。现实乐观主义者相信自己将会取得成功，他们知道在通往成功的路上布满荆棘，为了让成功变为现实，会做出合适的计划和策略，当遇到困难时能够积极面对，因为他们相信自己一定能取得成功。不现实乐观主义者认为好运会偏爱乐观者，他们相信自己一定会成功。因而他们只关心结果，

第一章
理性认识焦虑：蛰伏在身边的隐性危机

看淡可能要遇到的困难。

一个大学毕业生找工作，如果他是现实乐观主义者，就会发出多份简历。为了成功，他思考的是"我需要做些什么""我该怎么做"。而一个不现实乐观主义者认为凭着自己的优秀，应该很容易找到工作，多投简历只是浪费，从而减少了努力。因为他思考的重点在于"想象成功的结果"，而不是"我要为成功做什么"。

如果找工作的大学毕业生是适度焦虑者，在找工作时，会想到很多对于自己不利的因素：简历写得够不够好？我投多少份简历才有希望找到工作？如果叫我去面试，我该穿什么衣服？我该如何做面试前的准备……适度的焦虑让他们看问题更客观。焦虑者多是敏感之人，会考虑到很多问题，为了避免可能存在的问题带来的不良后果，他们会提早准备解决方案。

焦虑感太低，就没有进取心，对改变现状没有动力；焦虑感太高，整个人处于紧张状态，会感到很累，很难集中注意力做事，同时还要花费一部分时间和精力去对抗焦虑情绪；适度的焦虑是一种积极的情绪，能够推动我们更快更好地完成任务。

适度焦虑具有以下五大好处。

1. 适度焦虑是一种积极的人格

一个适度焦虑者，在工作和生活中，会促使自己尽快更好地完成任务。它表现出一个人的责任感、积极性、行动力，同时对每个细节都会投注恰到好处的重视。

例1：一个母亲，担心孩子成绩不好，每天放学，会督促孩子按时完成作业。

例2：小学一年级的老师，每天放学，总是等全体学生回家后才回家，他怕万一自己不在时，有孩子出现意外情况。

2. 适度焦虑能更有效地解决问题

适度焦虑者考虑问题比较全面，会想到很多可能存在的问题，对这些问题会提早做出相应的解决方案，会预先看到一些坏的结果，做事过程中会选择尽量避免出现最坏结果的行事方案。

*例1：*一位老者，家里要翻修房子，因为担心出事，会做更全面的防护措施。

*例2：*一位财务工作者，担心报表出错，会注意每个细节，并多次校核。

3. 适度焦虑能加强执行力

焦虑常常和拖延症连在一起，很多拖延者都是严重的焦虑者。适度的焦虑能够加强执行力，适度焦虑者在工作时，害怕时间来不及，会特别珍惜时间。又常常担心工作中出现错误，为了把工作做得更好，会用更多的时间去工作，这就提高了工作效率。

*例1：*一位销售员，担心完成不了业绩，每个月初，他就和老客户电话联系，以此了解产品的销售情况。在余下的时间，他用来开发新客户，这样的话，每个月的销售业绩都不错。

*例2：*一位普通文员，担心遗漏工作，为了更好地完成任务，每天一早，她都早早来到办公室，写待办清单。

4. 想到最坏的结果，做最好的准备

焦虑者善于把事情往坏处想，结果有两种可能：①最坏的结果没有发生；②最坏的结果发生了。如果是第一种情况，太好了；如果是第二种情况，已经有了思想准备，也不会有太大情绪上的落差。如果一个人焦虑感很低，对一件事情的发生便会感到很突然，让人措手不

及，会陷入悲伤难过的境地。

例1：一个人常常担心，如果家里人生病了没钱医治怎么办？为此，他努力赚钱，给家里人都买了大病保险。

例2：一个人常常担心自己被解雇，为了不被解雇，他努力工作，总是想方设法把工作做得更好。

5. 适度焦虑可以防止坏事的发生

适度焦虑者在把事情往坏处想时，为了不使事情朝着坏处发展，会去努力避免坏结果的发生。

例1：一个驾驶员，担心酒后容易出事故，他坚持酒后不开车，开车不喝酒。

例2：一个人为了长寿，知道熬夜不好，坚持做到晚上九点睡觉，早上五点起床。

鲁迅曾经说："不满是向上的车轮。"适度的焦虑，时刻提醒我们哪些方面做得不够好，哪些方面需要改进。它是一种推动力，当我们对自己的日常生活和工作不满意时，它像一只大手，在后面推着我们向前。

认识焦虑等式

1921年，认知疗法的创立者和倡导者，多产作家、严谨的研究员阿伦·特姆金·贝克，出生于一个从俄罗斯移民到美国的犹太人家庭里。贝克在家中排行老三，他上面曾有两个姐姐，不幸夭折。面对唯一留下来的孩子，他的童年是在母亲过度呵护下度过的。因为母亲的过度保护,贝克从小就有焦虑、恐慌、无价值感、感觉自己很笨等负面情绪,为了克服恐惧症,贝克进了医院,通过自身努力,他最终克服了恐惧症。长大后的贝克,成了一位长年从事精神分析的治疗师。

在长期从事精神分析的过程中,贝克和同人们发现了与焦虑有关的三大思维方式:

(1)认为发生危险的可能性越大,人就越焦虑;

(2)把不明确的危险或威胁的结果,想得越严重越糟糕,人就越焦虑;

(3)认为自己没有能力解决焦虑的问题,焦虑更严重;认为自己处理焦虑事情的能力越强,产生的焦虑情绪就相对减弱。

通过概括导致焦虑的几种思维方式,他们推出一个"焦虑等式":

焦虑水平＝认知发生最坏的可能性×认知发生最坏情况的严重性/对焦虑事情的处理能力

从这个等式可以发现,焦虑程度随着担心最坏结果发生的可能性的增加而增加,随着对发生最严重后果的认知的增加而增加,随着对自己处理焦虑事物能力的增加而减少。

例1:昨天晚上,小区里发生了一桩盗窃案。咪咪下班回家后听说这事,想到自己还是单身,如果窃贼闯入房间,盗取钱财以后,会不会发生像网上讲的那种事,先强奸,再杀害自己?想到这里,咪咪感到后怕,反复问自己该怎么办?

那天晚上,咪咪不敢关灯睡觉,一想到这些,就怕得全身发抖。她朝窗外看看,好像有人在外面走来走去。她赶紧躲进被窝里,又仿

第一章
理性认识焦虑：蛰伏在身边的隐性危机

佛听到有脚步声朝自己房间走来。咪咪吓得脸色苍白，浑身冒汗，心跳加速。她再也不敢在自己房间里睡觉，拿起电话，打给闺蜜，决定先去闺蜜那里住一段时间。

咪咪因为小偷进入小区盗窃，通过想象，认知出现偏离，把发生最坏的可能性和严重性无限放大，因为没有处理焦虑事物的能力，导致焦虑状况增高。如果她有相应的处理焦虑事物的能力，这种焦虑情绪就会相应减少。

例2：昨天晚上，小区里发生了一桩盗窃案。单身姑娘咪咪下班回家后听说这事，她想："我是一个单身姑娘，如果窃贼进了我的房间，我该怎么办？"

临睡前，她认真检查每扇门窗，把它们关得严严实实，并且在每扇门窗前，放置一个灌满水的罐头瓶，如果小偷从窗户进来，要先推开窗扇，窗扇会推落罐头瓶，因此会发出响声，自己就能惊醒过来。她又把大沙发搬到门后，把门堵得紧紧的。她还亮着卫生间的灯，提示室内有人。

咪咪得意地看着自己所做的一切防卫工作，她相信小偷不敢来自己的房间，即便来了也无法进入。

焦虑者的很多焦虑是想象出来的，他们习惯的思维方式是"如果……的话，怎么办"，通过想象，放大危险发生的可能性和结果的严重性，导致自己处在惊慌之中。

一个人焦虑程度的高低，可以用焦虑等式进行推算，把发生危险的可能性、发生危险后果的严重性、处理焦虑事情的能力根据自我评估打分，最低为1分，最高为10分，从而得出焦虑值：

焦虑水平 = 发生危险的可能性（1~10分）×发生危险后果的严

重性（1~10分）/处理事情的能力（1~10分）

根据三要素中相应的程度，通过公式，就能看出一个人的焦虑水平：前两项越高焦虑水平越高，后一项越高焦虑水平越低。把最近焦虑的事写出来，通过公式核算，看看自己的焦虑值是多少，就知道自己的焦虑程度了。如果太高，就要引起注意了。

广泛性焦虑的症状

如果过度焦虑得不到缓解，会成为严重的问题，这时焦虑会通过各种方式表现出来，这就是所谓的广泛性焦虑。广泛性焦虑的主要症状大概有以下几大类。

1. 长期焦虑

很多焦虑者长期经受焦虑之苦，这是广泛性焦虑最多的表现方式。经历长期焦虑的人，有些焦虑来自人生中重要的问题，比如财务、健康、小孩教育、家庭矛盾等。有些焦虑则来自一些小事，比如看了一则新闻，厨房里有蟑螂出没，一个裸露的电线头等。

任何一件事都会被他们无限放大，很多焦虑在常人眼里简直是大惊小怪。一般人的焦虑会随着事物的变化而消退，而焦虑者不同，他们会因为可能潜在的危险，导致把一件小事情变成焦虑的焦点。

比如厨房里有蟑螂出没，这在很多家庭都是常见的。它不但传播疾病，还会使人造成过敏反应，如过敏性哮喘、皮炎等。蟑螂全身带有细菌，被它污染过的食物可能会使人得严重的肠胃炎、食物中毒或痢疾。已被证实，蟑螂携带约40~50种对脊椎动物致病的细菌，如

第一章
理性认识焦虑：蛰伏在身边的隐性危机

痢疾杆菌、大肠杆菌、鼠疫杆菌等。蟑螂确实对人有危害，其危害程度仅次于家蝇。过度焦虑者会把蟑螂潜在危险的可能性和后果的严重性无限夸大，因为没有办法彻底消灭蟑螂，结果只能长期处在焦虑中。

2. 无法控制的行为习惯

有些焦虑者的症状是固执地强迫自己做一些习惯性行为，他们试图以这种行为习惯来缓解焦虑。比如工作时，一再检查工作有没有出错；有洁癖的人不断地洗手，确保手上没有细菌；出门时，锁好门后，反复试推几下；关煤气时，会连续拧好几次煤气阀；每一样物品必定有固定的位置……焦虑者在强迫自己做这些事时，以为能够缓解他们的焦虑，这些事他们非做不可，不然心里就会烦躁不安。

3. 固执的想法

一些焦虑者的固执想法来自未来的威胁和挑战，比如害怕看牙医、考试、一个人出远门等。另外，还会考虑、实施或说一些让自己感到不安的事情，比如伤害亲近的人，做一些令人尴尬的事，说一些不成体统的话等。

4. 反复发作的恐慌

有些焦虑者会突然产生强烈的不适感，生理表现为发抖、冒冷汗、心悸、头晕、震颤，感觉魂魄出窍等，失去自我情绪管理能力的他们，恐慌会反复发作。如果患者经常发生恐慌，他们既害怕又苦恼，最终导致影响正常生活，这是一个很严重的问题。

5. 特别的恐惧症

一些人的焦虑只围绕着特定的事物或事件，这种事物或事件可能并不会产生什么危险，只是患者心理上有特别的恐惧，比如恐高、晕血、怕蛇、怕蜘蛛等。一些怕蛇的人，看到蛇就怕，哪怕是玩具蛇。如果让他触碰玩具蛇，在明知道不会发生危险的情况下，对于患有怕蛇恐惧症的人来说，他都不会触碰。在他的思维里，蛇就是害怕的东西。

6. 易怒

焦虑者睡觉时很难入睡，即使睡着了，也多是浅睡眠，常常是身体想休息，大脑还在高速运转。焦虑影响睡眠，睡眠不好让人更焦虑，在恶性循环下，他们常常处于精神不佳的状态中，从而特别容易发怒。

比如一个焦虑者的孩子感冒了，他担心因感冒引起其他疾病，注意力全部集中在这件事上。这时，如果有人问他中午吃什么？他就会发怒，他觉得别人的提问干扰了他。

逆向思考一下，我们就会发现，人活着总会对有些现状感到不满意，想要努力去改善它，这样就会不可避免地感到焦虑。正常的焦虑情绪能让我们生活得更美好，所以当我们过度焦虑时，就要想办法去改变它。要做情绪的主人，而不是情绪的奴隶，把握好焦虑情绪，并好好利用它，让它成为推动我们前行的巨手，创造更美好的生活。

焦虑与恐惧的区别

焦虑和恐惧都是一种正常情绪，和高兴、悲伤、痛苦一样，是与生俱来的，两者都是在面临危险或威胁时所做出的正常情感反应。焦虑情绪和恐惧情绪都会产生生理反应，例如发抖、出冷汗、呼吸急促、心跳加快、脸色苍白等，体验很强烈的恐惧感时还有可能致人死亡。

正常情绪是人类的好朋友，是我们生命中不可缺少的一部分。抑郁提醒你该休息了，孤独提醒你该多交朋友，寂寞提醒你该有些爱好，焦虑提醒你该做的事是不是没做，恐惧提醒你对一些事是不是没有处理能力，等等。

既然情绪是我们的好朋友，那就要坦然地接纳它们。试想一下，如果我们没有焦虑情绪和恐惧情绪，人生将会怎么样？如果生病了，也不会担心，不知道去看医生；遇见野狗扑过来，不知道逃跑；汽车在后面鸣喇叭，不知道躲避；前面是万丈深渊，不知道绕道而行；路过沼泽地，不知深浅，继续往前……

如果没有焦虑情绪和恐惧情绪，面临危险和威胁时，人就无法做出正确的判断和反应。正是因为存在焦虑情绪和恐惧情绪，我们才会在生病时去看医生，野狗扑过来时用木棍击打，汽车驶来时选择躲避……才能做出一系列正确的选择。而焦虑过度和恐惧过度的根本原因，是因为思维方式走进了死胡同。

焦虑情绪和恐惧情绪看上去很相似，实质上有很大的区别。焦虑是对潜在的危险或威胁感到紧张和恐惧，没有明确的焦虑对象，往往是通过想象夸大潜在的危险和威胁，而恐惧是对现实中存在的事物感到紧张和害怕。

一个人对某件事情产生焦虑，会把全部思想集中关注在这件事情上，不会选择逃避，反而有趋向性；如果情绪对某件事产生恐惧，则会选择逃避。从这里看，两者间最大的区别是动机不同。

例1：晚上，领导带小展去见几个客户。餐桌上，小展紧张得说不出话来，怕自己说错了话。她想，万一自己说错了话，得罪了这些客户，领导一定会怪罪我，说不定还会辞退我。为了不引起他们的注意，小展连大气也不敢出，只低头吃面前的一道菜。她在心里默默祈祷："但愿早点结束会餐。"

例2：下班前，领导对小展说，晚上要带她去见几个客户。听了领导的话，小展脑子里"轰"的一声巨响。想起有一年，也是领导带她去见几个客户，在餐桌上，因为她不小心把酒洒在了一个客户的衣服上，结果老板没有签下那笔单子。第二天，老板勃然大怒，直接辞退了小展。小展紧张得说不出话来，呼吸急促，脸色苍白，她很想找一个地方躲起来，能够避开今天的晚餐。

两个例子，例1中的小展是有社交焦虑，她怕在见客户的过程中，出现意外状况，但是并不代表她不想参加社交。社交焦虑者虽然对社交怀有恐惧感，但并不是想逃避，或许她在内心里想拥有良好的社交。而社交恐惧者对社交非常害怕，不想参加社交，想要逃避。这是焦虑和恐惧的不同之处。

就像一个孩子患了感冒，母亲担心他会死掉，这种情况是焦虑；如果孩子确实得了很严重的病，随时都有死亡的可能，母亲因此而担心就是恐惧。

一个人一想到自己将要去野外，就感到害怕，这种害怕是焦虑；一个人晚上在森林里迷路了，这种害怕是恐惧。

从以上例子可以看出，焦虑和恐惧明确的区分就是：恐惧是一个人不得不面对危险的状况下表现出来的情绪反应；焦虑是面对危险，或者是想象出来的危险时过度的反应。焦虑和恐惧都是对危险的正当反应，产生恐惧的原因是看得见的、客观存在的危险，而造成焦虑情绪的对象具有隐蔽性和主观性，个人焦虑程度的强弱决定焦虑水平。

之所以要把焦虑和恐惧做对比，主要是产生焦虑的原因重点不是现实中的因素，而是内心对事物的感受处境。如果想要化解内心的焦虑，就要认识引起焦虑的根源。很多焦虑症患者希望通过药物走出焦虑，其实心病还要心药医，之所以焦虑，是因为错误的思维方式而走进了死胡同。

心理问题和情绪问题，只能靠自救，不良情绪的来临，是考验一个人意志的时候。别害怕，接纳它，在你战胜不良情绪的过程中，你会发现隐藏在身体内的潜能，会帮你找到一个崭新的自己。

第二章

坦然面对缺陷：越追求完美越产生焦虑

　　避免焦虑症，首先要摆脱灾难性思维，学会轻松看待事物。远离完美主义框架，不人为制造心灵世界的战争，从不完美的自我中发现自身优点，建立自尊、自信、自立、自强的好品质，就能走出完美主义的焦虑。

追求完美是最不完美的事

你是一个完美主义者吗？看看是不是经常有以下行为：

（1）专注地做一件事时，被别人打扰，分散了注意力，因此感到愤怒。

（2）在超市购物时，总是无视促销员的推销，按自己的想法进行购买。

（3）不喜欢随随便便的人，觉得他们对自己太不负责任。

（4）一件事完成后，还在想，如果换种方式是不是会更好。

（5）经常对自己或他人做的事不满意。

（6）很在乎他人的评价。

（7）做任何事都会全力以赴，哪怕是一些并不重要的事。

（8）对于打算要做的事，总是早早开始计划。

（9）对自己的生活环境总是感到不满意。

（10）常常亲自去做别人没能一次做好的事。

如果大部分回答是"是"，毫无疑问就是一个完美主义者。完美主义者最大的特点是追求完美，这种欲望是建立在认为任何事都不满意和不完美的基础上。世界上本没有十全十美的东西，完美主义者却总是投入全部精力，试图去改善与他们生活有关的事，尽量让它们完

第二章
坦然面对缺陷：越追求完美越产生焦虑

美。但是往往半途而废，因为开始时的冲劲，随着工作过程中不断出现的不完美，没有更多的时间和精力去顾及，最后只能草草收场，也因此常常让自己陷入焦虑的情绪中。

完美主义者在正常思维状态下，做事的原则是"任何事情我都必须做得完美"，对每件事都会竭尽全力，不分事情的轻重缓急。他们常常给自己设置高标准，完成任务的过程中，总是把焦点放在是否完美上。他们几乎整个过程都处在焦虑中：做事过程为追求完美焦虑，事情结束为达不到自己的要求焦虑。他们对完美的追求还体现在每个细节上，往往导致工作进展缓慢，到工作截止期限还没完工，于是会更加焦虑。造成这种情况，主要原因是他们不懂得如何逆向思维。

如果完美主义者能够转换思维，逆向看待问题，从根源上认识完美，便会发现世界上根本不存在完美的人，不管是我们身边的人，还是我们崇拜的英雄，完美不过是一个虚幻的代名词。是人就有缺陷，哪怕英雄阿喀琉斯，也有不可克服的弱点。错误和失败是在所难免的，每个人都会犯错误，世界上没有人能事事做到完美，也没有人会要求你事事完美，完美只是相对而言。

完美主义者因为设置了高标准，为了追求完美，总会付出比常人更多的时间和精力，但是获得的成绩却不一定比别人多。因为他们把大部分时间都浪费在追求细节上，身后总是堆着一大堆干不完的活儿，导致很多原本应该是他们做的工作无法完成。于是，加班成了他们的家常便饭。面对永远干不完的活儿，再加上长期长时间工作，总是身心疲惫，焦虑就成了他们的好朋友。

因为对完美的追求，他们的工作效率总是很低。其实，他们也想

逆向思维：
如何化解你内心的焦虑

拥有轻松快乐的休闲时光，很羡慕那些能把事情做得既好又快的人，可是自己总是做不到，这让他们陷入深深的焦虑中。

他们也很想改变现在的生活状态，只是苦于找不到合适的方法。想要化解追求完美带来的焦虑，首先要改变做事原则，把"任何事情我都必须做得完美"的原则改成"做到足够好就可以"。

完美主义者必须逆向认识完美，不断告诉自己，不是任何工作都必须完美，要学会把工作分类，按轻重缓急进行区分，根据不同类型采取相应的工作方式。即使很重要的工作，有些环节也可以不那么认真，只要把时间和精力投到重点工序就行。灵活掌握做事方法后，工作效率就会大大提高，当把自己从繁杂的工作中解脱出来，焦虑就会相应减少。

降低做事标准，也是减少焦虑的有效方法之一。允许自己在一些事情上，可以完成得没有设置的标准那样高。害怕做得不完美，会被别人瞧不起，那就试着按"做到足够好"的标准去做，看看周围人的反应，他们会不会因为你没有完美完成而来指责你？很多严重的结果是自己想象出来的，其实旁人并没那么在意，这也是追求完美造成焦虑的原因之一。

我们不是超人，完美是超人做的事。想把事情做得完美是好事，我们要有精益求精的精神，但是逆向思考一下，如果只注重完美，而不考虑完成的数量，这不也是一件不完美的事吗？

单位组织图画比赛，比赛规则是每个人在十分钟内，按照鸡蛋原型画3个鸡蛋的轮廓，评分标准是比照鸡蛋的相似度打分，最高10分，最低1分，3个鸡蛋总分是30分。

小沫用十分钟画了一个半鸡蛋，画完的鸡蛋形状几乎接近原型，

第二章
坦然面对缺陷：越追求完美越产生焦虑

他得了最高分10分，因为第二个没有画完，不得分，总计得分10分。

同事小立在十分钟内画了两个半鸡蛋，画得不是很标准，第一个得分6分，第二个得分7分，第三个没有画完不得分，一共得分13分。

比赛结果显而易见，最后小立赢了小沫，小沫因为追求完美，反而得到不完美的结果。人无完人，很多事只要做到足够好就行。如果能把"必须要做得最好"的思路转换到"足够好就行"，克服焦虑就成功了一半。

追求完美是因为对自己有着高标准的要求，会激励自己做得更好，这是好事。如果因为达不到预期的结果，而让自己陷入严重的焦虑中，那就得不偿失了。人生没有百分之百的完美，对自己过分苛求，会让自己的格局变小，限制很多人生的快乐。

请逆向思考一下，小立与小沫对待画鸡蛋的态度，我们便会发现与其花三天时间去完成100分，不如用3个小时得到60分；与其一开始就制定100分的标准，不如尽快推进工作过程，得出结果，即便工作做得粗糙点；与其花时间追求完美，不如快点开始，快点完成，哪怕不美观。追求完美是过程，完成是结果，如果因为追求完美而拖延完成工作，就是一个不完美的结果。

努力摒弃那些"必须、全部、不可以"这些潜意识里会让自己焦虑的词语。告诉自己，人生有很多东西，不一定要十全十美，只要差不多就行，这样，你会得到更多意想不到的成就。

远离抑郁性焦虑，需要逆向解决

完美主义者只有在自己认为完美地完成某项任务时，担心忧虑才会减少，才会由衷地高兴。但是，当新任务开始时，又会陷入下一轮的担心和忧虑中。当完美主义思想严重地干扰到行动的主动性和获得的快乐，又干扰到解决问题和做决定的灵活性时，它会阻碍一个人走向成功和获取快乐的能力。

完美主义者最典型的特征是对自己和他人设置了高标准要求，因为世间原本不存在完美的东西，所以他们很难获得预期的成功，在追求完美的过程中，很容易导致产生抑郁性焦虑症。抑郁性焦虑症是因为患者长期处于抑郁状态，从而导致出现焦虑症，这类患者同时具有抑郁症和焦虑症的综合症状，如果情绪长时间得不到缓解，患者的身心健康会遭受严重的危害。得抑郁性焦虑症的患者在普通人群中比例挺高，只是程度不同而已。

想要缓解或治愈抑郁性焦虑症，除了药物治疗外，可以转变思维方式，结合以下几种办法进行治疗。

1. 转移注意力

抑郁性焦虑症患者最常见的症状是把注意力集中在自己的病状上，显示出胡思乱想、坐立不安、烦躁不已等负面情绪。患者应该想办法转移注意力，给自己制订有意义的活动计划，然后全身心地投入到新的活动中。当注意力被新的活动吸引时，焦虑暂时终止。可以反复用转移注意力的方法，让自己投入一轮又一轮有意义的活动中，焦

第二章
坦然面对缺陷：越追求完美越产生焦虑

虑产生的机会就会逐渐减少。

2. 提高自信心

自信心是反映一个人是否有能力成功地完成某项活动的信任程度的心理特征，有效地表达自我价值、自我尊重、自我理解的意识特征和心理状态。焦虑水平和一个人对潜在危险的处理能力的高低有着直接的联系，提高自信心也就提高了相信自己处理事情的能力。抑郁性焦虑症患者常常夸大失败，对自己解决问题、适应环境的能力持有怀疑态度，他们过分依赖外在的力量。所以说，多一分自信，就少一分抑郁焦虑，这是缓解焦虑症的基本方法。

3. 找出病根原因

有些患者曾经历过情绪体验或进行欲望压制，这些意识被时间藏在记忆深处，却并没有随着时间的流逝而消失，而是潜伏在无意识中。焦虑症患者常常感到无可名状的烦闷、焦虑、痛苦、抑郁，却不知道根源何在。这时，要进行自我反省，深层次地把自己剥开，去寻找潜伏在无意识中的痛苦源。直面曾经的痛苦，像孩子一样去安抚曾经的自己，然后再找一些合适的发泄方法，比如唱歌、倾诉、给自己写信等，找到任何一种最适合自己的方式。

4. 自我放松

一般来说，音乐是适合大部分人的放松方式。患者可以放一段轻缓的、柔和的音乐，时间在半小时以上，选一个舒适的姿势，闭上眼睛，全身心地投入到音乐中去。随着流淌的音乐，想象画面中的蓝天白云、花草虫鱼、小桥流水。柔和的音乐营造宁静的空间，一切是那样轻缓，那样柔美，沉浸在音乐中的自己，整个人都放松了下来。只要每天坚持听一定时间的音乐，焦虑情绪就会被逐渐瓦解。

5. 正确对待问题

因为抑郁性焦虑症患者自我价值感低，很多患者不敢直视自己的病情，忌讳与人聊起，这是他们性格的弱点。想要化解内心的焦虑，首先要正确认识病情，这是治疗的关键一步。逃避和拖延不能改变问题，只会让焦虑越来越严重，正视它并且不断树立自信心，积极进行自我治愈。相信自己，没有什么是战胜不了的。

6. 调整心态

没有任何东西比快乐更重要，不快乐常常是焦虑的根源。如果因追求完美让你不快乐，那就试着放下追求完美的包袱，去感受生命的另一种美好。

7. 学会正确地交际

很多完美主义者自视清高，容易给人留下一种很难相处的感觉，没有和谐的社交环境，人就容易陷入焦虑中。人类属于群居动物，我行我素、自视清高是得不到他人的认同和友好的。要放下身段，选择一些积极乐观的人做朋友，融入人群中去。当你身处愉快的环境时，能够增强自信心，提升自我价值感，和谐的人际关系会改变一个人的情绪，焦虑情绪会得到有效改善。

2015年一个新研究发现焦虑和智商间有着很大的相关性：焦虑值高的人，在智商测试中得分更高，特别显示在语言表达方面的智力上。面对这个新发现，焦虑患者甚至可以高喊"我焦虑，我自豪"，敞开心扉去接纳焦虑情绪，就能更好地掌控它。

德国诗人里尔克有这么一句话："我们必须全力以赴，同时又不抱持任何希望……不管做什么事，都要当它是全世界最重要的一件事，同时又知道这件事根本无关紧要。"拿出这样的态度去对付焦虑，焦虑自然就不敢嚣张了。

自卑源于放大弱点而忽略优点

有些人总觉得自己什么都不如别人，诸如外貌、职业、家庭出身、身体状况等，这些观念根深蒂固地深植在脑海里，且一直坚信不疑，这是自卑情感在作怪。当和别人在一起时，自卑感就不知不觉涌上来，无法和他人进行正常的交往和交谈。

自卑者多是完美主义者，因为他们过分在意自己的缺点，总是拿自己的缺点和别人的优点比，结果发现自己哪里都不如别人，这也是导致焦虑的病因之一。自卑感强烈的人，常常伴有不安全感，总是过分关注自身缺点，而忽视优点，容易丧失自信心，降低自我价值感。

自卑的人往往有着强烈的自责，他们看上去性格内向、不喜交际，又特别敏感，这是因为他们极度缺乏自信，是他们潜意识里的完美主义在作怪。完美主义者总是担心自己做得不够好，做事缩手缩脚，患得患失，始终生活在紧张和担忧中，焦虑症特别喜欢这类人。

例1：每次在公共场合讲话，大奎总是很紧张，害怕不小心说错了话，暴露自己的缺点。如果必须说话，他都提前准备好长时间。讲话时，他想到的是克制自己的紧张情绪，因为他把大部分精力用在克制情绪上，每次讲话总是不尽如人意，这让他更紧张，形成恶性循环。

例2：王莉工作时，不管做什么工作，都竭力想做得十全十美，因为她害怕自己做得不够好，被同事看不起。要打印的文稿她都会检查好几次，怕有错别字。有一次，在她多次检查后的打印文稿，等交给领导后，才发现有个标点符号错了，她为此忐忑不安好几天，怕领导来找她，说她做事不认真，连这点小事都做不好。后来，领导没来找她，她又特别担心，猜想领导会不会把这个错误记在心里，等下次再犯错误时，一并找她算账呢？

有完美主义倾向的人，希望把生活中每一件事都做得非常完美，因为始终处于紧张状态，反而无法把事情做好。完美主义的核心问题是"恐惧缺憾"，害怕让别人失望，尽力避免不完美造成自己内疚，这也是完美主义者追求完美的动机。

英属哥伦比亚大学教授 Hewitt 认为完美主义有三种类型：

第一种是要求自我完美型：完美主义者总是给自己设置高标准，追求完美的动力是为了自己。

第二种是要求他人完美型：他们为别人设置高标准，不允许别人犯错。

第三种是被人要求完美型：他们总感觉自己被人期待，为了不让他人失望，满足他人的期望是他们追求完美的动力。

不管属于哪一种完美主义，他们都以高标准做门槛，这就注定很难达到自己的要求。完美主义者总喜欢用一些肯定的语句："我一定要做得非常好，不让妈妈失望。""如果我早早准备，就一定能把这事做好。""只有做得足够好，才能被大家喜欢。""我一定不能出错，不然就完蛋了。"

因此，有自卑感的人需要通过逆向思维的方式，改变自己的缺

第二章
坦然面对缺陷：越追求完美越产生焦虑

点。具体如何做呢？

1. 理性看待自己

尺有所短，寸有所长，任何人都有死穴。当一个人只看自己的缺点时，就像长时间看黑板上的小圆点，会被无限放大。同理，当一个人多看自己的优点时，会觉得自己很棒。每个人都要理性地看待人和事，更要理性地看待自己。

2. 没有必要羡慕他人

不要觉得别人都比自己强，说不定别人还在羡慕你，很多人只看到别人拥有的，却忽视自己拥有的。生活中，可以多做一些容易成功的事，以此来树立自信心。自信心是相信自己有能力解决问题的强大支柱，它直接影响到一个人的焦虑水平。

3. 不要太苛求自己

如果做得不够好，就虚心向别人请教，坦然接受自身不足。敢于承认不足，也是一种自信的表现，不要试图用拖延或其他方法去掩盖，这只是掩耳盗铃中那个愚蠢的小偷。

有自卑感并不一定是坏事，每个人或多或少都有，这是人类正常情感的表露。自卑感是在提示你的不足，告诉你和他人的距离，当发现自身不足时，才能激励起斗志，通过提升能力，努力追赶走在我们前面的人。当然，如果过分地自卑变成了神经质，思维方式总是朝着负面方向发展，信心全无的你，最终可能只有收获一事无成。

正视自卑，正视自我，别让完美主义把自己逼进焦虑的死胡同。请相信，生活中大部分人都是普通人，你并不比别人差。

要有顺其自然的心态

完美主义者总是把全部精力投入到所追求的事物中去，不管这件事意义的大与小，这样的行为习惯表露了他们强烈的占有欲和控制欲。在和他人互动时，总是想要控制局面，以使"事情做得正确"。

世间原本不存在十全十美，追求完美等于追求虚幻，不管他们怎么努力，因为追求超过能力以外的东西，很难取得成功，所以他们常常处在紧张和担忧的状态中。这也是造成焦虑的另一个原因——我必须完全控制局势的发展。

完美主义者觉得追求完美的方法，能让任务得到最好的结果。这个信念深植在他们心中，和团队一起工作时，会要求别人按着自己的意愿做，如果事情不按着自己的意愿发展，认定会发生不可预计的灾难性后果。为了避免可能发生灾难性后果的假象，他们投入全部精力去完成这件事，并控制身边的每件事，包括控制身边每个与事情发展有关联的人。

对完美追求的不可得，他人对自己行为的不认同，对可能灾难性后果的预见，事态发展的不可控制……每一环节都让完美主义者担惊受怕、烦躁不安，焦虑情绪始终伴随着他们。

其实，每个人的力量都是有限的，想要控制每件事的发展，根本不可能。很多事存在着不可预见的可能性，即使考虑很全面，也不可能把每一种可能性都考虑在内。这种潜在的可能性，有好有坏，有的看上去是好的，临时可能就变成不利了，就像一句谚语所说"煮熟

第二章
坦然面对缺陷：越追求完美越产生焦虑

的鸭子飞了"，没有一件事是百分之百能受人控制的。反过来说，任何一个想要去控制事态发展的想法，并没有实际意义，也显得不切实际。

影响一件事情成功的因素很多，环境因素、任务内容、合作人员等任何一个因素，都有可能让意外在事情发展过程中体现出来。意外很难避免，提前焦虑只是加重自己的负担，并不能改变意外发生的可能性。

一个竭力想要控制事态发展的人，会将可能发生的意外都做一个合适的计划，未雨绸缪是一件好事，如果什么事都想准备得万无一失，这就是不现实；如果这样去做，会大大超过预算成本，除了把自己搞得很累，不会有多少收获。

每个人的时间和精力都是有限的，在一件事上花费得太多，就不可能再有精力去做好另一件事。很多可能性几乎都不可能发生，不能在一件事上浪费太多的时间和精力。设想的可能越多，越是增添自己的焦虑。如果你是这样的人，就要去分析自己的思维模式和行为模式，这样做是不是让自己和身边的人更累，那些占用了自己过多时间和精力的可能性，只能把自己搞得精疲力竭。

完美主义者要想办法跳出"事事完美"的坑，这样会减少很多焦虑。如何才能跳出这个让人痛苦不堪的坑呢？需要改变常规思维方式，运用逆向思维的方式进行解决。

第一，列出完美主义带来的消极后果：①总想试图控制局面，在他人眼里你是一个很专制的人；②为了完成设置的高标准任务，常常比别人耗用更多的时间和精力去工作，总感觉很累；③害怕失败的焦虑总是伴随着自己。

第二，不断提示自己，逐渐减少使用太过绝对的语句，比如"我一定要做得最好"，"我必须要把这件事情做好"，"如果我做不好，那就太糟糕了"。人非圣贤，孰能无错？偶尔的错误并不是无能的表现，即使错了，天也不会塌下来。当你不再逼着自己追求完美时，情绪会放松很多。

第三，可以试着用不完美的方式去做事，或者故意做错一些不很重要的事，看看周围人对你的态度，是不是像你想象的那样？很多做错事后的严重后果，都是完美主义者想象出来的，几乎都不会出现。这也是焦虑情绪惯用的伎俩，总是假想很多潜在的危险，从而让自己陷在焦虑中无法自拔。

第四，观察周围的人，他们是如何对待和接受不完美的工作，周围的人又如何看待他们的不完美。

第五，工作要分清轻重缓急，对一些不重要的工作简单完成，对一些不必要的工作直接跳过，只专注做好重要的事情中的重要环节，故意放弃一些无关紧要的细节，最后看看对整件事情是否有什么影响。

"二八法则"告诉我们：我们所完成的工作里的80%成果，来自于20%的努力，也就是说我们大部分努力都是白费的。原因和结果、投入和产出、努力和报酬间原本就存在不平衡。所以要想办法寻找捷径，不是事无巨细，要用最少的换最好的，在几件事上追求优秀就行，而不是去事事追求完美。

很多事情只要尽力而为就好，而不是和自己死磕。一旦停止对完美的追求，很多原本额外花在追求完美事情上的时间，就能够用来做其他事情，或放松自己，或做自己喜欢的事。生活不再忙碌，变得更有意义，那些因追求完美而引起的焦虑，也被逐渐解除，生活会展现出另一种美。

第二章
坦然面对缺陷：越追求完美越产生焦虑

做自己，无论你是谁

德国著名哲学家叔本华曾经说："人千万不能生活于他人对自己的评价之中。"因为"他"认为，自己能否自在、独立地生活生存，最重要最本质的前提是保持身体健康，这是一个人是否幸福的基础，他人对自己的评价与幸福无关。完美主义者的其中一种类型是"被完美者"，这类人追求完美的动机是为了满足他人的期望，这也是人们通常犯的错误，就是过于重视他人对自己的评价。

心理学上，关注他人对自己的评价是一种很正常的心理现象。过分高估他人说的话，在抬举别人的同时贬低了自己。一百个人眼中有一百个哈姆雷特，每个人都会对他人持有不同的看法，他人的观点不一定正确，没有必要对别人的评价那么重视。

人是群居动物，个体受到他人的负面评价时，担心被群体排斥，为了获得社会认同感，便会进行自我调整。"被完美者"特别在乎别人对自己的评价，无法客观地分析他人评价的对错。当听到别人的负面评价时，首先想到的是"我怎么又没做好"，"我怎么会这样做"，"我怎么就这样笨"，"为什么我总是做不好"……这是他们最直观的想法，他们不知道换种方式去想："换了别人就一定能做好吗"，"这事确实是有难度"，"今天做不好，没关系，我会努力提升自己"……假如改变自己的想法，反向去想，就不会对自己有过多的自责。

面对一件没有做好的事，不要一味责怪自己，要根据具体原因去分析。要是自己不够努力没做好，以后就要努力去做；要是自己已经尽力而为了，那就坦然接受失败并原谅自己，没有人能什么事情都做好。

我们无论做任何事情，都要有逆向思维的能力，都应该有这样的想法，无论如何改变，也不可能得到所有人的喜欢，这是谁都无法否定的事实。太在意别人对自己的看法，只会让自己无所适从，从而产生焦虑。当一个人失去自我时，也就失去了让自己幸福的能力。

一位画家，画了一幅美女图，他对自己的作品感到很满意，认为找不出一点缺点。为了证实自己的想法，第二天，他来到人来人往的桥头，把画夹在画架上，让路人圈出他们认为最不满意的地方。没想到，一上午下来，画家自认为没有缺点的画上，被人画满了圆圈。

画家很难过，没想到自己画得这么差劲，沮丧到极点，快快地收了画回了家。一连几天，画家都垂头丧气，不想再画画了，想到自以为无瑕的画被人贬得一无是处，内心充满焦虑。

邻居一位老者看到闷闷不乐的画家，问他发生了什么事？画家把事情经过说了一遍，老者说，明天你还去桥头，让路人圈出他们认为最满意的地方。画家诧异地看着老者，说："每个地方都是缺点的画，怎么可能有人会认为满意呢？"老者说："听我的，你尽管去。"

第二天，画家再次来到桥头。他怀着忐忑不安的心情，把画夹到画架上，让路人在画上圈出他们认为最满意的地方。令人不可思议的一幕出现了，很多人拿起一旁的笔，在画上圈出他们认为最满意的地方。一上午下来，画上又画满了圈圈。

因为别人的否定，让画家信心全无，一幅第一天被人画满不满意的画，第二天却被人又画满了满意。同一幅图画却有不同的结果，画没变，而是看画的人变了，这个故事有力地证明了不同的人对同一事物有着不同看法的理论。

心理学家认为,一个人若太过在意他人的评价而感到焦虑,那就应该坚守住"本性"。这里,让我们坚守"本性",实际上是从源头对应焦虑,换句话说,就是进行逆向思维。那么,如何才能逆向思维,坚守住"本性"呢?

1. 寻找自我价值

完美主义者总是专注于把事情做得更好,却忽视已经取得的成功。罗列自己获得的成功,哪怕是很小的成绩,这样有助于找到自我价值感,进而建立起自我认同感。

2. 每天记录令自己比较满意的事情

准备一个小本子,一天结束时,在本子上记录下当天令自己比较满意的结果。一周结束,拿出本子看看一周的成就,然后给自己一些奖励。

3. 自己满意就好

有人喜欢你,也有人不喜欢你,我们无法做到让所有人都喜欢。喜欢你的人会包容你的一切,不喜欢你的人怎么努力都没用,只要让在乎你的人满意就行,其他人的评价听过就好,别放到心里去。

4. 做自己就好

树立正确的自我认知,不要把自我价值依附在他人的评价中,做好自己就行。努力做让自己满意的事,而不是活在他人的期望中,这样有助于建立自信心,能有效改变"被完美"带来的焦虑。做到让自己满意的方法有以下两种。

(1)做自己想做的事,以自己的方式做事,享受过程,即使结果不满意,也能坦然接受。如果最后发现有更好的选择,也不要后悔，因为那一刻曾经是最好的选择。

（2）做一件事前，要先问问自己，做这件事值不值，有没有意义，有没有好处，有没有帮助？回答"是"越多，就说明越是接近自己心里最想要的，那就果断去做。如果"否"太多，就是否定了很多自我想要的，更多的可能是在乎别人的看法，那就拒绝去做。

不管别人如何评价，首先是认清自己，对自己有正确的认识。如果选择了一条正确的道路，只顾埋头前行就可以了。路是自己走的，再苦再累他人都没法代走一步。只要一直在路上，哪怕每天只是一点点进步，目的地总会越来越近。

每个人的人生都是自己的，即使活在别人的评价里，按着别人的方式去生活，也走不进别人的世界，在别人的故事里永远只是路演。对于别人的负面评价，反过来可以这样想："别人评价我，说明我是一个被关注的人，说不定他们是因为嫉妒我呢。"这种可能是存在的，不管别人如何评价，都要相信自己。

叔本华还说："所有人最有价值的东西以及真正的人生，都是掌握在自己手中，而不是靠别人如何看待。"生活在别人的评价之中，只会让自己更焦虑，更烦恼，更不知所措，所以不管你是谁，只管做自己。

强迫自己行动起来

完美主义根据追求的目标不同，可以分成两个方面：第一方面是渴望和追求完美的完美主义，他们有强烈的动机为完成目标而努力；

第二章
坦然面对缺陷：越追求完美越产生焦虑

另一方面他们之所以追求完美，是为了规避错误，哪怕一点点的失误和瑕疵，都不能忍受。

第二类完美主义被称为适应不良的完美主义，他们追求完美的目的不是为了十全十美地完成任务，而是为了避免犯错。心理学家 Brene Brown 这样解释适应不良的完美主义："它并不是对于完美的合理追求，它更多的像是一种思维方式：如果我有完美的外表，工作不出任何差错，生活完美无瑕，那么我就能够避免所有的羞愧、指责和来自他人的指指点点。"

生活中，有很多适应不良的完美主义。

例1：要期末考试了，玲玲头天晚上写下明天的计划：早上六点起床，六点半洗漱完毕，七点前吃完早餐，锻炼半个小时，七点半开始复习……一整天的计划排得满满的。可是，第二天早上，一觉醒来，竟然已经九点了。

有些人会选择调整计划，从九点开始重新安排。玲玲是典型的适应不良的完美主义者，她想："我昨晚设计的完美计划，已经被迟起打破了。既然今天不能完美地开始，就从明天开始吧。"谁能知道，明天又会如何？

例2：菲菲很想成为一个作家，每次写作，如果没有一个完美的开头，她宁愿不写。写作是一门习得性技艺，即使是有天赋的人，也需要通过大量阅读和不断练笔，才能写出好文章。很多写了多年的老作家，也不是每个开头都很完美，通常是经过不断修改让文章更优秀。菲菲的结局可想而知，如果不改变适应不良的完美主义思想，她是不可能成为作家的。

在常规状态下，适应不良的完美主义者通常有以下几种表现。

1. 过度拖延

完美主义和自我妨碍行为有很大的关联性，由此常常造成过度拖延。完美主义者因为对犯错和失败的恐惧，常常很难动手去做一件事。还未开始工作，他们就会预想可能遇到的很多困难，想到过程中很多困难无法解决时，干脆放手不做，毕竟什么都不做是不会犯错的。

2. 容错能力差

完美主义者有时候追求完美的目的，就是为了规避错误，任何事情哪怕出现一点点瑕疵，都无法容忍，全盘否定已经取得的成绩。现实生活中不存在完美，没有瑕疵的可能性几乎为零，常因不符合内心高标准的任务结果，让他们陷入自我怀疑和焦虑不安中。

3. 要做就做到最好

适应不良的完美主义者，他们的口号是"要么不做，要做就做到最好"。大家常误以为他们"总能做到最好"，事实上他们为了规避错误，常常选择"什么都不做"。

4. 过于自我

不愿意听反对意见，对于他人的评价和挑剔总是很反感。

完美主义者常常把没有达到高标准，看成是自己能力不足，由此产生自我怀疑，觉得自己无能、无价值，而不去考虑设置的标准是否超过自己的能力。因此特别害怕失败，为了避免失败，选择拖延或干脆什么都不做，想以此来掩盖自己的弱点。

适应不良的完美主义者是典型的负性自动化思维，他们非黑即白的思维，导致对事情的结果只有成功和失败，没有中间地带。就像例1中的玲玲，一天中的计划没有在完美中开始，就宁愿不开始。他们的思维常常是极端的,没有凑合和折中。

我们都知道,好的开始是成功的一半。拖延者的另一个名字就是适应不良完美主义者,如果没有一个好的开头,他们干脆不开始。适应不良的完美主义者在拖延过程中,内心是痛苦和焦虑的,这种不愉快情绪对任务的完成毫无帮助。当这种事情再次发生时,适应不良的完美主义者应该转变一下思维方式,通过逆向思维的方式,强迫自己行动起来,只有行动才是推动事情发展的唯一办法。开头不完美虽然有些遗憾,接下去认真地做,比甩手不做要强一百倍。如果干脆不做,完美就全部被毁,如果把余下的做好了,至少收获了一半的美好。

适当犯错,因祸得福

完美主义者通常的思维模式基本上是,一定要做到今日事今日毕,如果一件事超过预期没有完成,就会进入紧张担忧的状态,从而产生强烈的焦虑感,觉得哪儿都不对劲。和别人一起做事,如果他人做的工作没有达到自己设置的高标准,哪怕已经很不错了,也会按着自己的标准去修改,一直到自己满意为止,这也是导致焦虑的主要原因。

俗话说"金无赤金,人无完人"。是人都有缺点,也都有优点。对于优点,很多人都能坦然接受;对于缺点,却总是试图掩盖,怕别人知道后,不接纳自己,不喜欢自己,看不起自己。任何时候,我们都应该逆向思维,正视自身缺点,因为有了缺点才能彰显优点,就像

逆向思维：
如何化解你内心的焦虑

有了丑才能反衬出美。

不敢正视自身缺点，也是一种不自信的表现，一个内心强大的人，就不怕把缺点暴露在大众面前，因为他相信，谁都有缺点。其实，每个人都是独一无二的，你拥有的东西别人不一定有，说不定很多人都在羡慕你。一个总是担心出错的人，做事小心翼翼，患得患失，这很容易让自己焦虑。

犯错并不可怕，可怕的是犯了错后不敢重新开始。一些追求完美的人，就是通过强调追求完美来规避错误，结果却什么都不做。事后又陷入深深的焦虑中，自责自己不够努力。其实，很多真理都是经历上百次的失败才得以确立的。

完美主义者因为追求完美，总是把自己搞得很累，犯错不是无能和失败的表现，没有人一生中能避免不犯错和不失败。认清这个事实后，放下沉重的包袱，试着去接纳真实的自己，而不是费尽心机去掩盖错误和逃避失败。

人们之所以焦虑，是因为习惯夸大错误的后果，其实，一些小错误并不会造成什么大灾难。当错误不可避免地发生时，周围人对错误的包容，一般也不会出现焦虑者想象中的严重后果。

完美主义者因为害怕犯错和失败，所以不太喜欢接受新事物，总是怕自己做得不够好，或是怕做不好而选择不做，导致很多机会从身边白白溜走，也就错失了更多成功的可能。对于从来没有做过的事，是累积经验的好时机，更是锻炼自己的好机会，一个人的能力是在不断的创新中积累起来的，一个人的潜力也是在不断的努力中被挖掘出来的。不敢接受挑战，不但失去了更多成功的机会，也丧失了很多追求成功的乐趣，而很多伟大的成就，都是来自犯错。

第二章
坦然面对缺陷：越追求完美越产生焦虑

例1：1928年，英国细菌学家弗莱明，头天晚上，忘记了给实验室里的盘子消毒。第二天，他来到实验室，看到没有消毒的盘子上长出了霉菌。他在霉菌的周围没有看到其他病菌，经过一系列研究，最后他发现，这种霉菌能够对付致命的病菌，却不会伤害人体组织，可以广泛应用到医疗治病上。这个不经意的错误，成了世界医药史上的一大成就，这就是成功发现青霉素的起因。

例2：简单方便的创可贴，现在几乎成了一般家庭的常备药品。创可贴的问世，也缘于一个美丽的错误。当时一位工程师，想要配制宇宙飞船内使用的超黏胶水，结果，他研究失败，因为新产品的黏性很差。几年后，他的一位同事发现了低黏性贴纸的用途，通过营销策划，让它成功地走进了千家万户。

错误并不可怕，可怕的是一个人不敢犯错。一个人最重要的是跟自己较量，看今天的自己是不是比昨天进步，今天的自己又为明天的自己准备了什么。如果达不到自己设置的高标准，害怕别人对自己有看法，那就试着犯些小错误，看看别人的态度有没有想象中的那样糟。具体可以通过以下几个步骤来实践。

第一步，找一件原本想完美完成的事。现在需要打印一份文件，以前会反复查看文件中有没有错误的地方，哪怕是一个标点符号，都会非常重视。

第二步，故意犯错。选择不太要紧的地方故意犯错，比如几个标点符号，或者几个错别字。

第三步，想象因错误而可能发生的结果。别人如何看待这错误？自己最担心的错误结果是什么？自己的情绪是怎么样的？

第四步，事情结果。你想象中的结果发生了吗？他人对这件事的态度是怎么样的？你从这次故意犯错中发现了什么？

从故意犯错中，你会发现，平时害怕犯错后的严重后果，都没有发生，所有一切担忧都是自己的假想敌。是人都会犯错，对于一般错误，人们都会抱着宽容的态度。相反，人们更容易和那些偶尔犯错的人成为朋友，因为那些完美主义者，不但对自己苛刻，而且对周围的人也同样苛刻，很容易让他人误解他们很难交往。

不要对自己太过苛求，试着故意犯错，会发现很多平时追求完美造成的焦虑，多是庸人自扰。原先担心的因为不完美而被别人拒绝接纳，结果反而是因为偶尔的犯错，和周围人的紧张关系得到缓和，这不能不说是因祸得福。

墨菲定律告诉我们，不论科技如何发达，计划如何周密，事故都有可能发生，因为容易犯错是人类与生俱来的弱点，没有人能完全克制犯错。重要的不是因为害怕犯错而退缩不前，而是尽量在计划安排得周密和全面的情况下，放手去做。即使真的发生了不幸的事，坦然接受，重要的是累积经验，通过错误寻找正确的做事思路。

没有谁的人生是由形体决定的

丝丝身高1.66米，体重53公斤，在别人眼里，她是一个身材修长、容貌姣好的女子，可是她自己始终觉得太胖。每次站在镜子前，总是不停地用手捏捏下巴，又捏捏腰部，为那些自认为多余的肉肉而苦恼。

丝丝采用节食的方法减肥。她开始不再正常吃晚餐，而是改吃水

第二章
坦然面对缺陷：越追求完美越产生焦虑

果。每天起床第一件事就是称体重，看到轻了就开心，重了就难受，哪怕是重了半斤，都会影响她一天的心情。就这样，体重成了她每天最关注的事。

一段时间后，她发现体重没有降到理想中的两位数，内心焦急烦闷，最后决定连早饭也不吃了。功夫不负有心人，体重真的减到她满意的标准了，但是她却连高兴的力气都没有了。因为她整天没有精神，做什么都提不起兴趣，工作还常常出错，每天下班回家，就只想睡觉。

原来，因为减肥，丝丝过度节食，已经造成营养不良。

1935 年，"一个人对自己身体的审美和性吸引力的看法"被奥地利精神分析师 Paul Schilder 称为"体像"。当人们对自己的身体有着负面、消极的看法，认为它不符合社会和自我期待时，就会产生形体焦虑。例子中的丝丝就是得了形体焦虑症，可笑的是，形体焦虑者自认为的胖或丑，很多并不是真实的，只是他们对自己的形体不满意。

形体焦虑正成为全社会一种新的通病，从无孔不入的减肥广告中，就可以想象出这个群体的庞大，那些在别人眼里身材修长、亭亭玉立的女性，都在口口声声喊"减肥"。她们并不是矫情，而是真的自认为很胖。在这个以瘦为美的时代，女性对瘦的追求已经呈现为一种病态。

只要有两个以上的女人在一起，听到最多的话是"我真的太胖了"，"我身材不够修长"，"如果我能再瘦 5 公斤就好了"，"如果我能再高 10 厘米该有多好"等等。女性对美的追求几近疯狂：明明看上去很瘦，却在拼命喊减肥；明明丹凤眼很配瓜子脸，却想办法变成双眼皮；自拍镜头不够美，就想要在脸上动刀子；胸脯不够丰满，那就去隆胸……这些例子不胜枚举。

　　形体焦虑的人群，如今已从女性扩展到男性，越来越多的男性加入到这个队伍中。不过，男性和女性对形体焦虑的关注点不同：女性主要在意的是自己瘦不瘦，男性关注的主要是身高，其次是是否拥有强健的肌肉。

　　形体焦虑度比较高的人，与个性中的"内向性"有着直接关联，这类人一般有着高度敏感的审美力，并且多是完美主义者。一个人对形体焦虑的反应，表面上看是对自己的身体不满意，深层次来说，是不满意整个自己以及自己的整体生活。这类群体多是自我评价低，感知幸福能力差，缺乏安全感的人。

　　一位研究形体焦虑的专家说："对身体的满意度和我们生活的太多方面联系在一起。"对外表关注度特别高的人，通常是焦虑水平更高的人，因为敏感度和完美主义倾向是造成焦虑的重要原因。形体焦虑者很容易抑郁，如果这种焦虑持续时间长，焦虑情绪越来越严重，就容易造成社交焦虑，影响正常的社会生活，还有可能导致体像障碍。

　　有专家专门对一些情侣做过对比，从男性和女性对外貌焦虑的程度上，他们发现，当一对情侣的关系维持时间很长时，男性比女性更在意外表；而女性则是在短期内对外在表现表示出强烈的焦虑。

　　2014年，有学者对青春期男孩做过调查，发现有18%的男孩对自己的外表不满意。同时，在以11.6万名男性作为调研对象时，发现有20%~40%的人对自己的外表不满意。

　　现代社会，对一个人形体的评价不再是单纯的美不美，健康不健康，而是上升到人格和道德的层面上。为什么这样说？我们看到一个

第二章
坦然面对缺陷：越追求完美越产生焦虑

身材很好的人，觉得这个人有自控力，懂得爱自己；而见到一个肥胖的人，就会认为他懒惰、好吃，没有自控力，不自爱；而遇见一个太瘦的人，又会觉得他过得不够好，或者患有抑郁症。

时下最关心的形体焦虑应该是肥胖，有句话说"一胖毁所有"，减肥成了女性最大的压力。而对于男性来说，气质和形体的关系越来越亲密。过去评价一个男人最重要的是是否具有男子气概，从男人的性格、责任感和经济能力等因素衡量男人，现在男性的外表是否完美占了很大权重。

正常思维下，当大家在追求形体完美的时候，忽视了最重要的一个问题：形体完美真的能让人感到幸福吗？答案是否定的，很多人对形体的追求已经呈现病态，很多瘦得80斤都没有的女孩，还觉得自己胖，哪怕别人已经用"瘦竹竿"来形容她们的手臂和双腿。所以是否幸福并不是由形体决定的。

那些身体健康，自我评价高，感知幸福能力强，对生活总体比较满意的人，很少有焦虑感，包括形体焦虑。他们能够接受自己的不完美，接纳真实的自己，这是因为他们足够自信。

长久的形体焦虑会影响正常的生活，降低幸福的感知能力。因此，我们要转变思维，反向去想，并结合以下方法，可以解除形体焦虑带来的困扰。

（1）形体焦虑只是一种表象，认清自己真正焦虑的原因，找到让自己不满意的根源。

（2）世界上不存在完美，大多数人是普通人，不要对自己太苛求。

（3）转换思维模式：比如"我一定要做得最好"转换成"足够

好就行","为什么我总是做不好"转换成"虽然不完美,但是已经差不多了"等。

(4)接纳自己的不完美,也试着向别人展示不完美,观察别人对不完美的态度。

(5)多向下比较,比你不漂亮的人有很多,找到心理平衡。

(6)正确认识自己的外表,不要被社会设置的美的标准牵着鼻子走,反思社会文化对美审视的局限性和片面性。

(7)美具有多元性,而不是单一性。

(8)给自己输送新的观念,健康比美更重要,身体是用来感受的,而不是用来展示的。

任何东西都不是一成不变的,包括对美的看法。如果能从形体焦虑中跳出来,把追求外表美的时间和心思,用来不断提升自己,这种无形的财富,是花钱买不到的。

能够智慧和美貌并存,这是最理想的人生,现实往往很难两全。我们没有令人满意的外表,这是一种遗憾。但是转变一下思维方式,从逆向思维出发,就会发现一个没有完美外表的人,知道自己缺少和他人竞争的先天优势,反而能够更努力。比如通过学习提升气质和内涵,他们相信,容貌会随着年龄而褪色,而气质和内涵会在时间中沉淀,越久越美。

第三章

改变思维方式：社交焦虑便可迎刃而解

　　社交焦虑者处于陌生或不熟悉的场合时，会产生明显的紧张和焦虑情绪，这些负面情绪与实际环境并不相符，所以社交焦虑属于心理问题。很多人之所以产生社交焦虑，是觉得自己不够好，不够优秀，对自己的能力没有正确的认识，总怕别人不接纳和不喜欢自己。减少社交焦虑的第一途径，要多进行逆向思考，增强自己的实力，建立自我价值感，让自己变强大。

逆向思维：
如何化解你内心的焦虑

社交焦虑与自我意识

  心理学家通过研究社交焦虑发现，超过 600 万的中国成年人，一生中可能患上社交焦虑障碍，未达诊断标准但有明显社交焦虑表现的人数，则远远超过这个数据。社交焦虑者不管是在正式或非正式的社交场合，表现出明显的紧张和焦虑情绪，不要说是最惧怕的公众演说，哪怕在工作和日常生活中，只要他们被人注视，就会表露出紧张和退缩。

  我们在常规思维下认为，"擅长社交"的人更善于解读人际间的信号，因而更懂得与人相处之道。其实不然，有学者通过研究，发现那些社交焦虑者理解人际间信号的能力超过那些擅长社交者。这是为什么？原因在于这类人自我意识特别强，不管在什么情况下，总有一部分注意力停留在自己内在的情绪和想法上。当他们注意到自己可能被人评论或拒绝时，就产生巨大的压力，从而紧张和焦虑，导致他们的社交能力受到很大影响。

  有人曾经做过一个测试，把自认为"擅长社交"和"社交焦虑"的两类人分成两组。第一组在没有任何提示的情况下，让他们分别解读电脑屏幕上一些表示情绪的照片：愤怒、恐惧、悲伤、快乐等。测试结果发现，那些自认为社交焦虑者比擅长社交者对于那些一瞬间的

第三章
改变思维方式：社交焦虑便可迎刃而解

情绪解读更精准。

进行第二组测试时，事先告知他们这是一项社交技能的测试题，最后结果显示，社交焦虑者的精准度差了很多。因为这类人自我意识太强，预先知道这些试题的目的后，内心产生了过度思考和过度猜测，把部分注意力集中到自己身上，解读信息的能力就变差了。

人是群居性动物，每个人都希望自己是群体的一部分，并希望被群体中的成员喜爱和接纳，这是人类的一种基本需求。社交焦虑者担忧的是产生"自己不被喜爱和接纳"的后果，这种强烈的感觉显示出一种紧张感，也称为"表现焦虑"，是社交焦虑中的一种亚类型。

从正向认识，一生中每个人都会或多或少经受社交焦虑，这是正常情况。从反向认识，如果这种焦虑持续时间长，并对生活和工作造成了负面影响，就可能得了社交焦虑症。诊断是否患有社交焦虑症，大致可以从以下几方面来判断：

（1）总是担心自己的言行会得到负面评价；

（2）只要想到社交，就会产生害怕或焦虑的念头；

（3）当自己被他人注视时，产生明显的害怕和焦虑；

（4）不想参加社交，在不得不社交的情况下，总是努力承受因此带来的紧张感和焦虑感；

（5）社交时产生的紧张和焦虑，并没有遭到环境的实际威胁和危险，这种焦虑已经持续半年以上，自我感觉痛苦，对正常社交造成阻碍。

常规思维下，每个人都有自我意识，社交焦虑与自我意识强弱有着很大关联。所谓"自我意识"，是指对自己身心活动的觉察，具体

逆向思维：
如何化解你内心的焦虑

包括对自我生理的认知、心理特征的认知和与他人关系的认知。

自我意识和有意识的自我觉察有着明显区别。前者是一种不舒服的感觉，一种强烈的自我存在感；后者是健康的、积极的心理状态。平时常见的自我意识表现有：总感觉有人在注视自己；感觉自己的一举一动都被人关注；感觉所有人都在关注自己；只要有人小声说话，就觉得是在议论自己，等等。

自我意识带来的不愉快，很大程度上与"羞怯"和"被迫害妄想"有着直接联系。自我意识强的人，对于周围的人和事观察力特别敏锐，喜欢把对外界的猜想联系到自己身上，多是负面联想。而自我意识弱的人，容易进入"忘我"状态，对周围的感知能力很薄弱。

"自责"和"羞耻"是造成"自我意识"的重要原因。强烈的自我意识，总是怀疑别人在议论自己，或者背后注视自己，对这种议论和注视感到羞耻。有社交焦虑的人，如果仔细想想，发现在交往中感受到不舒服的那一刻，总有一种羞耻感。同时，他人言语或行动上一些模棱两可的信号，总是被他们解读成"不接受和拒绝"，从而在自身寻找原因，自责自己。

这种羞耻感和自责与一个人的童年经历关系很大，比如父母残疾、家庭贫穷、自身缺陷等原因，从小经常被人开一些带有羞耻感的玩笑，这种羞耻感一直潜伏在体内，不经意间就能被激发，这是一种极具破坏力的感受，也是造成社交焦虑的原因之一。

一个自我意识薄弱的人，在人际交往中自我感受相对比较少，这类人也就是我们平时说的"反应比较迟钝"的人。他们的注意力常在外界上，很少在自己身上，人际间的信号也常被忽略。只要他人对

第三章
改变思维方式：社交焦虑便可迎刃而解

他们不是表示直接拒绝和不接受，他们不会理解什么暗示，社交时的紧张和焦虑自然就少了。

对于社交焦虑症，比较有效的疗法是抗焦虑类药物加上心理治疗，还有一种普遍被人接受的是认知行为疗法。之所以焦虑，很多时候是因为认知出现了问题，转换认知方向后，很多问题就不存在焦虑因素。

社交焦虑者在交往中，会不知不觉地呼吸急促，心跳加快，脸色变红，说话结巴，这是紧张和焦虑情绪的正常表现。反过来，当我们兴奋的时候，也会产生上述表现。也就是说，兴奋状态和紧张状态的表现是相似的。通过逆向思维去看，当你在人际交往中感到紧张时，可以自我暗示为兴奋。比如将要见一个陌生人时，不知不觉显露出紧张和焦虑的情绪，此时可以想象成将要见到一个权威人士，真的好兴奋啊。一个简单的认知改变，把"焦虑害怕"转换成了"急切盼望"。

那些不擅长社交的人，只是被自己的思维所困，太注重自己内在的想法，害怕产生不良社交后果。克服社交焦虑的最好方法，需要利用逆向思维，就是忘记自己，把注意力从自己身上移开。

自我价值感低，导致社交焦虑

社交焦虑者处于陌生或不熟悉的场合时，会产生明显的紧张和焦虑情绪，这些负面情绪与实际环境并不相符，所以社交焦虑属于心理问题。往往在面对社会地位比自己高或自己很重视的人时，就会感到

逆向思维：
如何化解你内心的焦虑

特别紧张，怕对方看不起自己。一旦有谈话的机会，总怕自己说错话，紧张和焦虑，导致无法正常沟通。社交焦虑最核心的因素是认为真实的自己不够好，对自己不够自信，自我价值感低。

周末，父母给伊敏安排了两场相亲。上午的相亲对象，家境一般，工作一般，长相也一般，见面地点在一家咖啡馆。相亲过程中，两人一边喝咖啡，一边聊了些彼此的爱好兴趣。对于已经历过多次相亲的伊敏来说，整个过程没有什么压力。吃过中饭，两人分手道别，和前几次相亲一样，没感觉到什么不适。

下午那场相亲，地点在另一家咖啡馆，比上午那家要高档得多。事先，伊敏听说这次的相亲对象属于高富帅一类：对方刚从国外留学归来，父母经营着一家不小的企业，他准备接手管理家族企业。

还未见到对方，伊敏心里就发怵，害怕对方看不上自己。怀着忐忑的心情提早来到咖啡馆，没想到对方已经到了。她红着脸在他对面端端正正地坐下，偷偷瞄一眼，发现这个男人长得干净俊朗，正是自己喜欢的那一类。听说好男人都喜欢温柔型的女人，原本大大咧咧的伊敏，说话时声音轻了，喝咖啡的动作也变慢了。对方问她毕业的学校和现在的工作时，她犹豫着不知道该如何回答，怕对方知道这些情况后看不起自己。

在不同的相亲对象面前，伊敏表露出截然不同的两种态度，不能说她虚伪，只是因为她遇见的两个人能量不一样。在能量比自己高的人面前，人的自我价值感降低，又因为太在意对方的看法，怕自己说错话，所以显得手足无措，造成紧张和焦虑。

很多人平时看上去与人交往没问题，在喜欢的人面前出现心跳加

第三章
改变思维方式：社交焦虑便可迎刃而解

快，全身冒冷汗，说话结巴等紧张情绪和焦虑情绪都很常见。为什么会出现这种现象呢？最主要的原因是心理障碍，缺失自我价值感，怕对方不喜欢自己，不接纳自己。

阿枫和女友在电影院门口闹别扭后，各自回了家，僵持着互相不搭理。第二天晚上，阿枫实在太想念女友，在微信上写了一大段情真意切的话发给她。女友看了很感动，觉得自己也太情绪化，立即打电话给阿枫，打算在电话里好好聊。阿枫看到女友来电，不知道她是不是要骂自己，犹豫了半天才接电话。电话一接通，女友在那头说："为什么半天才接电话？"被对方一问，阿枫紧张得说不出话来，只是结结巴巴地"你……你……我……我"了半天。气得女友立马挂了电话，这段感情走到了尽头。

时隔半年，阿枫喜欢上了另一位女生，女生却不怎么搭理他。有一次，听说女生得了重感冒，阿枫让跑腿公司送去一些感冒药和一封关怀她的手写信。女生接到两样东西后很感动，觉得阿枫挺实在，同意和他交往。

经过第一次恋爱，阿枫总结出失败的经验。为了不在自己喜欢的女生面前紧张和焦虑，他主动选择和一些女性聊天。通过与各种女性的接触，阿枫和女性交往的羞怯感减少。同时，那些女性觉得阿枫是个善良实在又乐于助人的好小伙，很喜欢和他打交道。阿枫通过改变常规思维，存在感增强了，自我价值感也得到提升，和喜欢的女生在一起时，自身气场强大了很多。一个人自我价值感高，自我意识就变弱，社交时就不会把过多的注意力放在自己身上，就不容易产生紧张和焦虑的情绪。

很多人之所以产生社交焦虑，是觉得自己不够好，不够优秀，对自己的能力没有正确的认识，总怕别人不接纳和不喜欢自己。减少社交焦虑的第一途径，要多进行逆向思考，增强自己的实力，建立自我价值感，让自己变强大。一个内心强大的人，是不会活在别人的议论中，也不会过多去关心自己是不是被人接纳和喜欢，因为他们不管面对什么场景或者做什么事，总能忘我地投入进去。

想要改变因自我价值感低而引起的社交焦虑，可以通过以下两种途径。

1. 给自己贴"标签"

正确认识自身定位，给自己贴上合适的"标签"。比如给自己贴的标签是"爱阅读""爱旅行""喜欢做饭""健身达人"等，在社交场合自我介绍时，个人形象也就显得与众不同，别人对你的初步认识自然也就加深了。如果和他人单独相处，可以从双方兴趣爱好快速切入聊天模式，做到有话可聊。对于自己擅长的，聊起来得心应手，减少很多交往过程中的尴尬。

如果和一大群人在一起，有同样兴趣的人，更容易找到话题，也就大大降低了前期介入的成本。如果确实很难融入群聊中去，利用逆向思维，改变自己当前的做事方式，比如做做倒茶送水的事，或者拍拍照片，记录一些有意义的活动场景，分享给大家，这会给人留下好印象。

2. 运用"系统脱敏法"

心理学上有一个"系统脱敏法"，是美国学者沃尔帕创立和发展的。这种方法主要是通过诱导患者缓慢地暴露出导致神经症焦虑、恐惧的情境，然后运用逆向思维，让心理放松下来，从而达到消除焦虑和恐惧的目的。

第三章
改变思维方式：社交焦虑便可迎刃而解

也就是说，面对一件心理上很难接受的事物，无法一步到位，就逐步去做。比如有人怕蛇，想要让他克服对蛇的心理恐惧，可以这样设计：先去动物园看蛇——隔着玻璃摸蛇——戴着手套摸蛇——去掉手套摸蛇——最后把蛇挂到他脖子上。

一口吃不成胖子，"系统脱敏法"的治疗原理就是，在患者忍受范围之内逐渐增加难度，一步步克服心理障碍；当难度逐渐增加时，心理上的恐惧和焦虑逐渐下降，最终达到消除的状态。

社交焦虑的核心是自我价值感低，害怕自己不被他人接纳和喜爱，所以产生紧张和焦虑。转换思路想一想，你便会发现，即使一个优秀的人，也不可能得到全部人的喜爱；相反，一个不优秀的人也有喜欢他的人。每个人必定只能得到部分人的接纳和喜爱，当我们与人接触时，没必要紧张和焦虑，对自己说："大不了进不了这个群体"，"大不了成不了他们的朋友"，"大不了就当这事没有发生过"……真实和真诚最能感动人，真诚地承认自己的不足，呈现出真实的自己，反而能得到意想不到的结果。

请相信，你是上帝咬过的苹果

已经三十而立的何悦，名牌大学硕士毕业，是一家事业单位的中层领导。她的亲戚邻居们，都以她为榜样教育自家孩子。看起来这一切都很不错，只有何悦内心清楚，自己其实并不快乐。因为小时候特别爱哭，忙于工作的父母无暇照顾她，她的嗓子哭哑了，长大后说话声音沙哑。

逆向思维：
如何化解你内心的焦虑

记得小学时，学校组织一次演讲比赛，何悦代表班级参赛，她上台一开口说话，台下就笑成一片，这一幕深深地刻在她的脑海里，就像一个枷锁绑住了她的心灵。很多人说她说话像鸭子叫，一些调皮的男同学公开叫她"男人婆"。这些困扰让她不敢再开口，害怕社交，害怕人群，也因此变得忧郁内向，于是把更多的时间用在学习上。

工作后，到了谈婚论嫁的时候，这个缺陷成了她与异性交往的一道障碍。她不敢与人说话，不敢与人打电话，害怕别人一听到她的声音，就会讨厌她。随着年龄渐长，父母为她的婚事着急，她装作若无其事，但是内心焦虑。只有她自己知道焦虑的原因所在，一个人时常常默默流泪，不知道如何跨过这道坎。

因为自身缺陷而自卑，进而导致社交焦虑，这种问题很常见。国际著名激励大师约翰·库缇斯曾经说："每个人都有自己的残疾。"人无完人，不管是身体上还是心理上，每个人总有自认为的缺陷，它像毒蛇一样咬着我们不放。有些人的缺陷与生俱来，有些人的缺陷是后天造成的，他们的相同点是没有补救或克服的办法。比如有人觉得自己个子不够高，有人天生黑肤色，有人脸上长着胎记，有人眼睛很小，有人小时候摔伤后脸上留下疤痕，等等。

谁都希望自己是完美的，可是事物不会随着人的意志而改变。当这些缺陷真实存在于我们身上时，我们应该转换思维重新认识自己，如果能改变就努力改变，没有办法改变就努力忽视它；如果整天只关心自己的缺陷，就会觉得自己是世界上最悲惨的人。

马欣与何悦的声音相似，两人看待缺陷的方式不同，得出不同的结果。

第三章
改变思维方式：社交焦虑便可迎刃而解

马欣的声音洪亮浑厚，听起来似男声。每当她和陌生人初次通电话时，很多人都会说："你是马欣小姐本人吗？"或者是"麻烦您叫一下马欣小姐接电话"。马欣知道，别人把她当成男的了，她总是大气地说："我就是马欣，您是不是觉得我的声音很特别，像田震？"对方听她这样一说，觉得这小姑娘挺幽默、挺真诚，反而忽略了她的缺陷，对她留下了好印象。

工作后，马欣相过几次亲，母亲总是叮嘱她："说话小声点，不要把对方吓跑了。"马欣却从来没有小心翼翼过，她认为应该展现真实的自己。后来，她遇到一个各方面条件都挺好的男生，男生第一次与她见面后，就对她产生好感，说她真实。

每个人都有缺陷，也有独特的一面，人与人之间的交往，心灵美和智慧美，必定胜于外在的美。如果一个人只盯着自己的缺陷，缺陷会被无限放大，这时，就会抱怨命运不公，觉得人生毫无意义。在这样的情况下，无法集中注意力去做重要的事，也没有办法做好，很多美好的事物就失之交臂，让生活陷入枯燥和单调之中。

在现实面前，我们可以转变一个角度，用逆向的方式去看待缺陷，得出的结果就有所不同了。既然缺陷已经存在，不管心理上接不接受，它已经是生命中不可改变的一部分。我们忽略它，它就只能躲在一旁，如果始终关注它，它就紧紧跟着我们。我们应该去关注生命中很多可以改变的东西，去创造能够带给我们成功和幸福的事物，如果一味钻牛角尖，只是在给自己找不痛快。

美好的生命不应该浪费在不可改变的事物上，应该努力去改变能让自己变得更好的事情，比如让自己成为一个善良、正直、勤奋、积极的人，为未来的幸福和成功做铺垫。缺陷只是生命底色的一部分，我们可以在上面涂上自己想要的颜色，让它变得绚丽和美好，而不是被它所禁锢，失去了创造的能力。

自身缺陷带来的社交焦虑很普遍，如何去克服呢？需要我们打破常规思维，从以下几方面去努力。

1. 请相信，世界上总有比你不幸的人

无论你认为自己多么不幸，世界上总有比你更不幸的人。缺憾是普遍存在的，不要放大自己的苦处，关键是如何去看待它。

2. 正视自身缺陷

如果缺陷能够挽救，就努力挽救，如果无法改变，尝试忽视它。因为它已经是你生命的一部分，接纳缺陷，就是接纳全部的自己，不然你就无法做一个完整的自己。

3. 不要逃避，甚至自我封闭

人是群体动物，我们离不开人群，每个人的精力都是有限的，不要在一件事上钻牛角尖，不然会浪费很多时间。存在的缺陷是一个事实，在生命中占多少比重，却由自己决定。

4. 比惨安慰法

不要看自己没鞋穿，还有没脚的。每个人都是比上不足比下有余，转移注意力，经营好自己的人生才是最正确的选择。

一位天生盲人，曾经为自己的缺陷沮丧懊恼。一位牧师通过逆向思维告诉他："每个人都是上帝咬过一口的苹果，是人都会有缺陷。有的人缺陷特别大，这是因为上帝特别钟爱他。"那位盲人很受鼓舞，觉得自己的失明是上帝特别的钟爱，于是振作起来。

人的缺陷是因为"上帝咬了一口的苹果"，缺陷大，是因为上帝特别钟爱。一个上帝特别宠爱的人，必定有他特别的使命和特别的能

力，有什么理由看不起自己呢？有缺陷的你，没必要自暴自弃，没必要怨天尤人，大胆地走到人群中去，因为你是一个上帝特别宠爱的人。

你有"约会焦虑"吗

在人际交往中，我们主动约人，也会被他人所约。约会对象可以是爱慕的异性，一般关系的同事，几年不见的好友，也可能是为了某种目的不得不见的仇人……一句话，约会对象不是固定的。很多人在向他人提出约会前，会引起紧张与不安，我们称它为"约会焦虑"。

"约会焦虑症"的症状和"社交焦虑症"差不多。约会前后，总是担心对方对自己不满意，有负面评价，拒绝自己，发生自己不想要的结果，由此产生坐立不安、紧张出汗、内心恐慌焦虑、浑身不舒服的生理现象。

轻度的约会焦虑大多数人经历过，比如当到了谈婚论嫁的年龄时，一直没有遇见合适约会的人，会感到焦虑；遇见心仪的人，也会焦虑，因为不知道该如何提出约会；当约会成功后，还是会焦虑，担心见面后对方不喜欢自己；即使在一起交往后，也会焦虑，怕对方中途甩了自己。

那么，到底是什么原因造成人们"约会焦虑"的呢？从常规思维来看，形成的原因主要有以下两种：

1. 自我设置障碍，认为很难找到三观一致的人

随着年龄的增长，每个人对自己有了更深的了解，不像学生时代，愿意花很多时间去认识人。成年后，不愿再花大量时间去认识可能会成为朋友的人，而是有目的地希望与和自己有相似世界观和价值观的人接近。但是，总感觉很难找到三观一致的人，当内心设置这样的自我障碍后，无形中对社交产生了焦虑。

2. 怕被拒绝

造成约会焦虑另一个重要原因是怕被拒绝。对于主动邀约一方，很多人在邀约之前，已经设想好了千百种被拒绝的方式。即使对方如愿接受邀请，又担心因为这次约会，破坏自己在对方心目中的形象，反而失去进一步发展的机会。

心理学家曾经做过一个调研，请了173名男性和216名女性志愿者，要求他们在公众场所，对不同类型的异性发出邀请。

第一步，志愿者先向接近的异性做简短的自我介绍和交流：

"你好，我叫×××。刚刚我一直在关注你，你是一个很有魅力的人，见到你的第一眼起，我就被你深深吸引。"

第二步，志愿者向异性发出三种邀请中的其中一种：

（1）今晚你有时间和我约会吗，或者周末？

（2）今晚你愿意到我住的地方来吗，或者周末？

（3）今晚你愿意和我住在一起吗，或者周末？

最后得出一组数据：在邀请人是单身的情况下，有68%的男性和43%的女性，答应了约会；有40%的男性和21%的女性同意去邀请者的住所；有59%的男性愿意和邀请者住在一起。

根据这组数据可以看出，结果并没有想象中的那样差，即使主动

第三章
改变思维方式：社交焦虑便可迎刃而解

邀请的是陌生人，还是有 68% 的男性和 43% 的女性答应接受邀请。所以，约会焦虑者不要把约会想象得那样悲观，只要多约会几个人，成功次数就多了。当然，如果在邀约前一味担心对方拒绝，始终不肯主动地发出邀请，这样成功的概率就真正只有"0"。

造成"约会焦虑"的首要原因，是自己内心设置了过多障碍，夸大了可能发生的不良后果。如果对一个人有好感，希望与他建立关系，不管是爱情还是友情，有必要创造让彼此了解的机会。正面了解的较好方式是见面交流，要果断主动地发出邀请，最坏结果大不了就是拒绝见面。

为了缓解"约会焦虑"，需要改变常规思维的方式，巧妙运用逆向思维，从根本上解决约会焦虑，你需要掌握以下几点。

1. 相信第一感觉

有的人见到第一面，就感觉很有缘，很想认识对方。相信第一感觉，就像爱情中的一见钟情，不要多想，主动发出邀请。邀请不邀请是你的事，接受不接受邀请是别人的事，尽力做好自己能做的，别人的事我们管不了。当然，为了让约会更愉快，有必要提前了解对方的兴趣爱好、学历背景等，越详细越好，这会有更多的聊天话题，使谈话更融洽。

2. 运用富兰克林效应

富兰克林效应说，当一个人帮助你一次后，更愿意帮助你第二次，有必要提前和想要邀约的人建立初始关系。比如借故向对方打听近期好看的电影，去图书馆的路怎么走，等等，就像读书时期，为了接近一个人，借故向对方借橡皮和饭卡。

3. 开口邀约

提出邀约是可能约会的开始，没有邀请就没有开始。要想约会，就要开口，只有开口对方才知道。为了提高邀约成功的概率，最好通过一些其他途径，了解对方喜欢什么邀约方式，有些人喜欢直截了当，有些人喜欢委婉表达，性格不同，喜欢邀约的方式也不同。当然，外表是很重要的一个因素，这是吸引人的第一步，不管长相如何，一定要干净整洁。另外，邀请时要真诚热切，不要给人猥琐或者意有所图的感觉。

4. 选择适当的约会过程

约会一般会选择吃饭、喝咖啡、看电影等常规活动。在约会过程中，可以把对话有意识地提升到价值观、世界观这些深层次的交流上，这有助于更快地了解彼此的共同点。

同时，如果机会允许，可以运用心理学上的"吊桥效应"，意思说过吊桥时，人们自然而然地心跳加速，肾上腺素飙升。这是打破常规思维的一种行事方式，如果刚好遇见一个人，当事人会产生认知归因偏差，把因为环境或其他原因造成的紧张兴奋，误认为是对方让自己产生心跳，这样很容易俘获对方的好感。当然，这样做时要多了解对方的喜好和承受能力，不要适得其反。

5. 关注结束过程

诺贝尔奖得主、心理学家丹尼尔·卡内曼，研究得出"峰终定律"，发现人对体验记忆的感受，是由高峰与结束时的两个因素同时决定。也就是说，由于认知习惯，人们对一件事物的最终影响和评价，不管是消极的还是积极的，是由过程中最强烈的时刻与结束时的感受所决定，对过程中其他感受印象不深刻。由峰终定律推出，一场

第三章
改变思维方式：社交焦虑便可迎刃而解

约会是否成功，结束很重要。

例1：男孩向女孩发出约会邀请，请女孩吃饭。女孩同意了，整个约会过程，两人聊得很愉快。吃完饭，两人走出餐厅，来到街上，男孩帮女孩拦下一辆出租车，看到女孩坐上车，男孩目送着车开走，再去拦另一辆车。女孩对这男孩印象很好。

例2：男孩向女孩发出约会邀请，请女孩吃饭。女孩同意了，整个约会过程，两人聊得很愉快。吃完饭，两人走出餐厅，来到街上，男孩帮女孩拦下一辆出租车后，转身自己去拦另一辆出租车，拦下出租车后，上车走了。女孩对男孩最初的好印象打了折。

6. 做好被拒绝的准备

任何人邀请对方，都有可能遭到拒绝，这是很正常的事。对方拒绝你，可能时间上有冲突；可能不太善于交际；可能不喜欢与你交往……没关系，即使对方拒绝你，也不要因此否定自己的价值。我们有邀请的权利，对方有拒绝的权利，这种关系是对等的。

造成"约会焦虑"的重要原因之一是怕被拒绝。被人拒绝确实很沮丧，但是没必要陷入懊恼中，而是逆向思考一下，自己为什么被拒绝，是不是因为自身原因造成的。有没有可能是因为对方不喜欢约会地点呢？比如对方讨厌羊膻味，你却带人去吃烤全羊，不被人拒绝才怪，最好事先多做功课，有一定估算和计划。

被人拒绝，容易怀疑自我价值和引起低自尊，担心自己不被他人喜欢和接纳，从而可能出现厌恶社交的行为。与其因为害怕被拒绝不敢开口邀约，不如逆向思考一下，在邀约前降低对成功的期望，一开始就抱着"哪怕你拒绝我，我还是要开口邀请你"的心理，对一件事不抱希望时，焦虑就会显著减少。反过来说，因害怕被拒绝而不约会，肯定没有开始；开口被拒绝，最差也是没有开始，何况，还有一半成功的希望呢。

当焦虑不可避免地发生时

有人做过这样一个心理学实验，把试验者分成两组，分别让他们看电影剪辑。

第一组：根据电影剪辑内容，感受不同的情绪，比如恐惧、悲伤、欢乐、紧张等，这组试验者可以随着剧情自由表达内心真实的情感。

第二组：在看电影剪辑时，给他们提了一个要求，始终要面无表情，克制自己的一切情绪。

研究人员在试验者看电影剪辑过程中和结束后，同时收集了两组人员的各项体征数据，两组人员情绪上产生不一样的结果：第一组试验者产生的情绪在慢慢消退，第二组试验者的体征数据一直居高不下。

实验数据说明：一个人积蓄在体内的情绪，犹如盛在盆子里的水，这边的水压下去，那边的水就涨起来。当一个人强行压制着体内的情绪，没有得到发泄和疏通的情绪，会在身体里持续更长时间。同样，一个人在社交时产生焦虑，焦虑情绪得不到排泄，试图压制在体内，焦虑就会在体内持续很长时间，自己就会长时间处于负面情绪中。

社交焦虑是因为紧张和害怕引起的，很多人为了抑制焦虑情绪，

第三章
改变思维方式：社交焦虑便可迎刃而解

会拼命地咽口水，或者东张西望，这是被压制的情绪通过身体行为表露出来。

社交焦虑者首先要正确认识社交焦虑，不要认为社交焦虑是一件难为情的事，怕别人知道而笑话自己，因此拼命压制情绪。当焦虑情绪被拼命压制时，它会自动借助身体某个部分表露出来，反而让别人觉得奇怪。可以采用逆向思维去引导自己的做法：承认自己的紧张和焦虑，同时告诉同伴："我现在很焦虑，但是没关系，我只是想把真实的情绪告诉你，并不是想要得到你的帮助。"当你在述说时，也是身体的某部分在表达情绪，使焦虑得以释放。

社交焦虑者总是把注意力关注在自己身上，往往忽略了对所要做的事情的关注。比如今天社交的目的是参加舞会，或者是公众演说的演讲者，或者是参加一场会议，或者只是个普通的观众，重点是搞清楚自己来到社交场合的目的，把注意力放到事情上去。

如果焦虑不可避免地发生，应该利用逆向思维的方式缓解焦虑情绪，具体方法如下。

1. 转移情绪，关注重点

把注意力从自身转移到事情的重点上去。如果今天参加一个舞会，就不要去想"如果跳得不好，别人会如何笑话我，如何议论我"，而是去想"我要如何才能把今天的舞跳得更好"。当你的舞蹈很精彩时，别人不但不会笑话你，反而会为你鼓掌。即使最后跳得不够好，尽力去做了，也就没有什么好遗憾了。

2. 想象美好结果

一件事情的最终结果要么好，要么坏。社交焦虑者直线型的思维方式，总是朝坏的方面想，并且把后果夸大得特别严重。常常被他们忽略的是好的结果，在社交中，还有一种可能是别人很喜欢他，并且因为喜欢他而给了他很多意想不到的帮助。所以在社交时，可以想象社交成功的美好结果，这样就不会产生焦虑情绪。

3. 倾诉

不管处于哪种情绪中，找人倾诉都是比较有效的缓解情绪的方法之一，烦恼和苦闷通过倾诉，都能得到排泄。当然，最怕社交的社交焦虑者，可能没几个朋友，所以有必要学会广交朋友。一个人如果没有朋友，在需要时就找不到倾诉的途径。不要害怕别人拒绝，敞开心扉，凭着感觉去和一些自认为是同路的人交往，如果被对方拒绝，虽然会比较难堪，但是不要气馁，继续寻找下一个目标交往。主动出击多了，总能遇见和自己同类的人。

4. 看得开，放得下

很多时候之所以焦虑，是我们对他人抱有太高期望，当我们降低了对最后结果的期望，就不会那么焦虑了。不要把名利看得太重，很多事物的发展不是个体能够控制的，看得开，放得下，才能让自己轻松上阵。

5. 热心帮助别人

有帮助他人的机会就要立刻行动，在帮助他人时，无须担心不被人喜欢和接受，因为对于一个帮助者，即使别人拒绝了你的帮助，也会对你心存感激。如果接受了你的帮助，感激之情更是不言而喻。帮助别人是良好社交的法宝之一。

6. 坚定的信念

一个人处于社交场合时，必定是为了某事而去，心里一定要有一个坚定的信念：我之所以来到这里，是为什么而来，想要什么结果。

朝着信念去努力，把关注点放在如何获得更好的结果上，焦虑就没有机会登场。

不要把焦虑当成洪水猛兽，社交时可以把它看成是带去的朋友，这位朋友有点笨拙，有点令气氛尴尬，没什么大不了。你继续做你想要做的事，比如继续和朋友聊天，继续做事，关键是不要在乎它，不去控制它，也不被它控制，只是和它和平相处，这样，它也就不会露出叛逆的一面了。

专注是缓解焦虑的好朋友

社交焦虑者是极其矛盾的，一方面渴望融入群体中，一方面担心被人排斥。社交焦虑者往往都是自我评价很低的人，总是担心自己融不进集体中。从物种进化角度来说，社交焦虑从远古起就有。我们的祖先在遇到更有权威的陌生人时，第一反应并不是高兴地去和他们交朋友，而是警惕地衡量自己有没有实力与对方抗衡。

动物和人一样，遇到比自己强的对手时就会产生焦虑。比如我们常见的狗，当一只狗遇到另一只比自己强大的狗，立即垂下耳朵，垂下尾巴，低下头，安静地待在一旁。这是在无声地告诉对方："我不会向你发起挑战。"

父母是焦虑者，孩子得焦虑的概率更大，这是因为他们长期处于焦虑状态中，焦虑情绪得不到正常排泄。社交焦虑者很多是因为来自原生态家庭，他们从小生活在气氛紧张的家庭中，从小学着控制自己的情绪，没有人帮助他们或鼓励他们表达自己的情感。因为从小便压制情感，成年后就更难敞开心扉。不管是家庭原因还是基因原因造成的焦虑，都是我们无法选择和逃避的，不要苛责自己，也不要苛责父母，这样于事无补。

社交焦虑者主要的表现途径是通过丰富的想象力，把将要发生或不可能发生的事，预设好很多种结局，这种结局往往是负面的和极其严重的。

做事过程中，社交焦虑者不是关心将要做的或正在做的事，几乎将全部注意力放在观察别人的行为上。观察他人的目的与事情的进展无关，而是关注他人对自己的评价，这种评价不是通过对方的语言或行动得到，而是通过臆想来确定评价结果。

例1：年终表彰大会上，小茗要代表自己科室上台讲话。因为紧张，坐在前排位置上的小茗，不停地吞咽口水，并不时地朝周围的人看。看到旁边两个同事在轻声交谈，她想："他们肯定在议论我，等着看我出洋相，我该怎么办？"小茗越想越紧张，再悄悄地往后面看，看到很多人都在注视自己。她赶紧转过头，低下头，心怦怦地跳，不停地问自己："我该怎么办，我该怎么办？"

例2：璐璐的朋友是搞期货投资的，璐璐刚入行从事期货投资。一天，璐璐的朋友与同事约在KTV唱歌，想到璐璐也从事这个行业，想介绍一些同行的朋友给她，便提议璐璐一起去唱歌。璐璐觉得这是一次好机会，跟着朋友去了。来到KTV歌厅，看到一群陌生的人，她想："大家都不认识，我该怎么办？如果我表现不好，以后就很难进入他们的圈子了，我还是坐到角落里去吧。"璐璐不顾朋友劝阻，选了个角落，安静地坐了下来。

每个人都有缺点，适当地自我反思很有必要，这对自我提高有益

第三章
改变思维方式：社交焦虑便可迎刃而解

处。如果每次面对他人，不管是不是公众场合，如同临敌一样，总是担心这担心那，有点风吹草动就把自己批判得体无完肤，这样只会让以后的自己，一想到社交就恐惧和害怕。

社交焦虑者都有自恋倾向，总认为自己不管到哪里，都是别人关注的焦点，好像缺点写在脸上，别人随时都能看到。其实，很多时候都是庸人自扰，对别人来说，你没有那么重要，只是一个路人而已。即使偶尔对你有过议论，也只是限于当时，时过境迁，不会常常记住，倒是焦虑者自己，始终耿耿于怀。

社交焦虑者要改变思维方式，站在反向的出发点上去认识问题，只有专注于事情本身，才能及时转换关注的焦点，才没有更多时间去关注别人对自己的评价。也就是说，专注事情本身是缓解社交焦虑的有效途径之一。所以，当你感觉焦虑的时候，试着想办法让自己专注于某件事。

如何改变思维方式，用专注缓解社交焦虑呢？可以试试下面几种方法。

1. 选择一件简单的事让自己专注

可以避开人群，去卫生间或者楼梯口，闭目专注地数数；或者走一段路，边走边数数。通过一定时间，让自己内心平静下来，然后做几个深呼吸。

2. 不断地暗示自己

不断对自己进行自我暗示，告诉自己不要紧张焦虑，反复地对自己说："放松、放松，再放松！"不要小看暗示的作用。

3. 把注意力放到要做的事情上去

比如演讲，反复想象自己将要面对的演讲过程；如果跳舞，想象整个跳舞过程；如果唱歌，一次次在心里从头唱到尾……当你这样做时，就没有时间去焦虑，一次次演练反而会让自己获得更好的成绩。

所以最好的办法是，当你感到焦虑时，与其专注于周围人对你的评价，不如专注于与事情本身有关的一件事，这样不但缓解了焦虑，而且对事情的正向发展做出有力的铺垫。

提前做好主动社交的准备

美国普利斯顿大学焦虑治疗中心曾经做过一次实验，实验报告指出：如果青少年在社交场合从来不考虑别人的感受，从来没有产生过社交焦虑，并不是一件好事，这样不但无法让他们拥有成长的心智，而且说明这类人是属于迟钝和不敏感的群体。焦虑者往往都比较敏感，也就是心思比较细，比较聪明的一类人。

心理学上另有一份研究报告指出，社交中出现适度焦虑害羞的人，更注重别人的情感，在交谈中懂得倾听，不会打断他人谈话，同时更能体谅和理解别人，容易与他人建立起亲密的关系。

一个没有社交焦虑的人，不关心他人对自己的任何评价，也不会考虑他人的感受，多是以自我为中心的人。所以说，适度焦虑是正常的，当焦虑过度，影响到日常生活和工作时，才要引起重视。

引起社交焦虑的首要原因是害怕对方不接受不喜欢自己，心理学上有一个现象叫"自我实现预言"，从字面来解释，就是希望自己的预期能够成真。当我们对一件事进行预言和解释后，往往会把事情朝

第三章
改变思维方式：社交焦虑便可迎刃而解

着自己预言和解释的方向推进，预言就是在这样的情况下得到兑现的。

社交焦虑者在主动社交前，总会预先设想好很多种负面反馈。因为有先入为主的预想在前，在交往过程中，对方不带感情色彩的表情，或者积极的反馈，通过自我联想都会理解成负面和不友善。然后在心里对自己说："我就知道是这样的结果，别人不会喜欢我的，果然被我料到。"从此，关上心门，再也不肯与人去交往。

逆向思考一下，根据"自我实现预言"的兑现结果，焦虑者如果把交往结果朝乐观的方向去设想，事情就会朝着正向反馈推进，结果就会很美好。也就是说，当我们转换思维，反向去想，事情发展的方向就会完全不一样。当一切是良性反馈时，也就不存在社交焦虑了。

当然，设想可以乐观，在行动中尽最大努力时，对最差结果还是要有心理准备。在和人交际前，先设想一下，如果到时对方对自己不感兴趣，或者对自己的观点有反对意见，预设一个补救措施，万一真的出现这种情况，就能及时弥补。如果想不到好的补救办法，预先衡量一下，如果这次交往失败，是不是在自己承受范围之内。

对可能出现的负面反馈有所准备，就多了一份依靠，社交中的焦虑就会相对减少。同时，因为降低了期望值，人就显得真诚和从容，反而会给别人留下好的印象。

如果最后确实还是产生了不良后果，也不要悲观绝望，因为：①事前已经做足准备，用了补救办法；②已经尽力而为了，很多事并不是靠自己努力就一定能心想事成；③已经对失败有过估量，虽然还是失望，但已有心理准备。

对于主动社交产生的焦虑，在潜意识里我们会认为，我主动接近对方，他应该会喜欢和接纳我；我主动找别人帮忙，别人应该会帮助我。其实，"我觉得应该是这样的"这种想法并不准确。想要主动社交，首先得提前观察对方，准备几个有可能聊起来的话题。如果需要发言，不但脑子中要对说的话滚瓜烂熟，而且还要做好口头训练；如果想要得到别人帮助，就要说出让人动心的理由。

对于主动社交，很多人意识上是负面联想，潜意识里却有着很高的期望，当意识和潜意识不统一时，焦虑就随之而来。

严重的社交焦虑影响人们的工作和日常生活，不停地自我战斗把自己搞得精疲力竭，要想有效缓解社交焦虑情绪，必须改变思维方式，那么如何才能改变呢？可以借鉴以下五点建议：

（1）在社交中不要对自己设置过高要求，比如"我不能被人发现我的缺点"；

（2）不要对自己的形象设置规则，比如"我要看起来很聪明"；

（3）不要预先设想社交中的不良后果，比如"如果我不赞同谁的观点，他肯定会笑话我，并且从此讨厌我"；

（4）不要对自己有过多负面评价，比如"我总是不够优秀"；

（5）不要对没有发生的事情设置负面设想，比如"如果我今天表现不好，以后就融不进他们的圈子里去"。

社交焦虑者经常做自我负面评价，对自己没有准确的认识。逆向思考一下，不要追求自己成为完人，而要追求"最好的自己"。对自己有个正确的认识，社交前做好最好结果的准备，怀揣最坏结果的打算，哪怕别人不喜欢自己，不接纳自己，我还是最好的自己。

当我们放下沉重的心理负担，坦然接受最坏的结果时，拿出死猪不怕开水烫的劲头，反而在社交场合能够得心应手。当你一切都不在乎时，看到别人讨厌你或憎恨你，都觉得无所谓了，这样，困扰你的焦虑情绪也就自然消失了。

第四章

突破常规途径：轻而易举疏导负面情绪

负面情绪是一类体验不积极的情绪，给身体带来一定的不适感。程度严重时，可能影响工作和生活的顺利进行，从而导致身心受到伤害。并不是所有的负面情绪都是不好的，焦虑情绪属于负面情绪，在潜意识里它对人们起到预警和保护作用，提醒人们再不采取行动就有大麻烦。焦虑情绪不可能被完全克服，可以通过行动和改变缓解它，并降低到自己察觉不到的水平。

逆向思维：
如何化解你内心的焦虑

了解负面情绪

情绪按一般的分法可以分成两大类：正面情绪和负面情绪。从字面上理解，正面情绪是好的，负面情绪是不好的。是不是真的就是这样呢？

说到负面情绪，我们立刻想到悲伤、痛苦、愤怒、厌恶、焦虑等情绪。不管是正面情绪还是负面情绪，都是我们生活中不可缺少的一部分。如果一个人只有正面情绪，一整天傻兮兮地笑，还是一个完整的人吗？逆向思考一下，人类进化的法则是适者生存，人类通过几百万年的进化，从最原始的几种情绪中衍生出几十种情绪，足以证明它对人们生活的重要性。

负面情绪在生理上带给人们不适，是与乐观主义价值观相违背的一种情绪，严重时还会干扰到人们的日常生活和工作，因此很不受人欢迎。每个人对负面情绪不陌生，很多人都曾深受其害，可是人们对它们的了解并不多。通过以下几点，我们对负面情绪稍作了解。

1. 负面情绪的种类超过正面情绪

人有高兴、惊讶、恐惧、厌恶、生气和伤心六种原始情绪，其他情绪是它们的组合或分支。心理学家 ShaverPhillip 和他的同伴通过将人的六种原始情绪及衍生的次级情绪画成树状图表，发现人类负面情

第四章
突破常规途径：轻而易举疏导负面情绪

绪的种类远远超过正面情绪的种类。这是由人类进化决定的，因为无法对有利事件产生积极情绪，可能只是妨碍我们的幸福；如果无法对负面事情做出迅速反应，可能会危及生命安全。

2. 情绪的多样化有利于健康

生活的本质是复杂的，有积极的一面，也有消极的一面，所以说，没有负面情绪是不可能的。如果一个人说自己只知道开心，不懂伤悲和难受，肯定在无意识中抑制了自己的负面情绪，压制情绪对人们的生理和心理都会造成极大的伤害。情绪和脸盆里的水一样，这边压下去，那边高起来，不会自动消失，只能通过另一种途径表达出来。

有心理学家通过研究证明，从健康角度出发，一个具有多样性情绪的人，比具有单一情绪的人身体更健康，更少得抑郁症，哪怕他拥有的单一情绪是正面情绪。

3. 负面情绪对人们起到预警和保护作用

负面情绪被定义为行动信号，在人类进化过程中，负面情绪起到强烈的预警和保护作用，而正面情绪没有行为导向性，大多只是内心情感的表现。人类生活在复杂的社会中，相比较，摆脱眼前痛苦的动机必定要比追逐快乐的动机来得更强烈。

转换思维，逆向去认识情绪，情绪其实就是一种工具。工具本身具有多面性，比如一把锄头，它可以是生活工具，可以是生产工具，也可以是单纯的玩具。人类根据需要操作工具，从而带来不同的效果，其本身并没有好坏之分。只是使用人在长期工作中，在发挥其正常功能外，还发现了其他功能。

人类进化的目的是保存有利的，去除影响人类进步或者不好的东

逆向思维：
如何化解你内心的焦虑

西。在进化过程中，负面情绪还被不断衍生，说明它们必定有其正面作用。我们先从情绪起源上，来看负面情绪的发展过程。

例1：卉卉走到15层楼的阳台上，刚把手放到栏杆上，栏杆就突然晃了一下。卉卉立即头皮发麻，心头一紧，条件反射般地往后退了几步。这一切发生在几秒之内，卉卉根本没有时间来得及核算：自己的体重，栏杆的承受力，楼的高度，摔下去的概率等，如果算完，说不定已经掉下去了。

例2：领导给玲玲分派了新的工作项目，这是她以前没有涉及过的工作内容。自从接手新项目后，玲玲感到坐立不安、紧张焦虑，因为她没有把握能够圆满地完成这项工作。她担心如果工作不能顺利完成，不知道老板以后会不会再信任她，会不会再把重要的项目交给她负责。

她找朋友倾诉了自己的焦虑，朋友让她把项目分成很多个小任务，然后根据小任务找到相应的解决办法。玲玲按照朋友教的方法做了，通过查阅资料和向同事请教，发现这事并没有想象中那样难。

第一个例子里的卉卉体验了恐惧情绪，第二个例子里的玲玲体验了焦虑情绪，两者都是负面情绪。如果我们一口咬定负面情绪是不好的，试想，若没有恐惧情绪的保护，卉卉可能会摔下去，连命都没有了；如果没有焦虑情绪对玲玲起警示作用，她就不会积极地去寻找解决问题的方法。

转换思维，逆向去想，便发现负面情绪并不可怕，可怕的是随时随地处在负面情绪中，让它控制了日常生活和正常工作。

负面情绪体验是不积极的，也会给身体带来不适感，但是在人类生存过程中，是一种必不可少的预警机制和自我保护机制。就像焦虑

第四章
突破常规途径：轻而易举疏导负面情绪

情绪，它是一种过程，不是一个结果，是大脑中对抗潜在性危机的积极行为，是一种自我保护机制。

焦虑是一枚通用钱币

有人将焦虑形容为"一枚情绪的通用钱币"，认为它是一切情绪的兑换品，因为它总是躲藏在其他的情绪后面。很多人知道自己很焦虑，却不知道究竟为何焦虑。与其他负面情绪相比，焦虑是最难耐的，也是最具任务导向性的，我们总是希望能够立即缓解这种情绪。

这个立即想要缓解焦虑情绪的动作，可能会阻碍我们真实地面对自己的情绪。产生焦虑情绪的原因很多，有的可能在心底潜伏了很多年，甚至有可能是在童年期埋下的。如果找不到引起焦虑的根源，就永远无法解决问题，只要在某一刻触发到这个情景，焦虑就会紧随而来。

很多时候，为一件事反复焦虑，或者不明不白地焦点，这是富有深意的焦虑在提醒你，你一定有未完成的愿望或者还有没有解决的问题。所以想要解除焦虑情绪，就要弄明白焦虑背后的原因。

张萍的一只脚上有六个脚趾，小时候大家都叫她"六脚指头佬"。每当她和小伙伴们发生争吵，小伙伴们就会指着她的脚，哪怕穿着鞋子，总是带着侮辱性地说："你个六脚指头佬，你个六脚指头佬。"每次她总是哭着回家。长大后，在有人的场合，她总是不时地低头看自己的脚，再看看周围人的反应，总觉得别人都在背后对她指指点点。

逆向思维：
如何化解你内心的焦虑

她总是莫名其妙地感到焦虑，怕工作没做好或漏做，总是一次次地检查。后来，她看了一本关于焦虑学的书，知道自己是焦虑症患者。她参考书上内容，细细寻思焦虑根源，一个刺耳的声音突然从心底响起："你个六脚指头佬，你个六脚指头佬。"她的脑袋里"轰"的一声巨响，瞬间冷汗直冒，全身簌簌发抖。

她根据书上的提示，试着用逆向思维的方式去思考问题：假如我不是多一个脚趾，而是多一个手指；假如我不是多一个脚趾，而是眼睛一只大一只小；假如我不是多一个脚趾，而是脸上长块胎记；假如我不是多一个脚趾，而是满头少年白……她列出很多假设的对比让自己选择，最后她发现，自己宁愿多一个脚趾，也不愿有其他缺陷。毕竟脚趾长在脚上，鞋子完全可以遮住它，即使是夏天，不穿凉鞋又有什么关系呢？

这样一想，她觉得自己真是幸运，后来，她焦虑的时间明显比以前减少很多，心情也开朗了起来。

心理学家做过研究，得出一个结论：越想摆脱负面情绪，反而在情绪中越陷越深；如果能够坦然接纳它，通过分析和思考，找到焦虑所指的问题，这样更有助于从负面情绪中走出来。张萍就是因为找到了焦虑的根源，经过自我努力，焦虑情绪终于逐步得到缓解。

负面情绪分为有价值和没有价值，有价值的负面情绪是一种信号，起到保护和预警作用，能引导人们积极改变；没有价值的负面情绪给人带来害处，意志力薄弱的人常被情绪控制，无法正常工作和生活，导致自己总是疲惫不堪，精神不振。

当焦虑情绪出现时，人们付诸行动的目的，是想要减轻负面情绪的煎熬。想要摆脱焦虑情绪的困扰，就要对它有准确的辨识，然后了

第四章
突破常规途径：轻而易举疏导负面情绪

解什么样的行为，能够缓解焦虑给人带来的影响和伤害。我们要如何去辨识它们呢？需要改变常规思维方式，运用逆向思维进行解决。

1. 准确识别情绪

当自己处在负面情绪中时，试着详细描述感受到的情绪，找到符合自己情绪特征的名称。比如感觉心跳加快、坐立不安可能是焦虑；胸很闷，心情格外沉重可能是悲伤；不由自主地牙床紧绷、牙齿紧咬、全身发抖可能是愤怒……

2. 写出负面情绪的利弊

负面情绪之所以在人类进化过程中没有被优胜劣汰，因为它对人类有好处，在提醒人们一些事情需要改变或回避。但是在改变或回避引发负面情绪的问题时，还是要静下来问问自己："是不是改变这事就能让自己从负面情绪中摆脱出来？"

找一张纸，写下让自己产生负面情绪的问题，再写下让自己不舒服的地方。在生活中负面情绪是不可避免的，反向去想，如果为了急于缓解负面情绪，而做出对自己不利的改变，这就可能会得不偿失。

3. 倾听内心的声音

很多时候我们内心会对自己说"应该怎么做，应该怎么做"，这个声音往往是真实的，我们应该尊重内心的声音。

比如在路上遇见一个多年不见的朋友，他看到你，很高兴地和你分享他的快乐：他升职加薪了，交往的女朋友是一个白富美。这时的你，可能脸色越来越难看，只是出于礼貌，勉强地笑着，内心恨不得早点离开。为什么会产生这种状况？这是因为你产生了嫉妒的情绪。

这时，你内心真实的声音会这样说：你应该努力工作，以后也会像他一样升职加薪；你要多参加社交活动，才会有机会脱单……别人的言论给了你一些焦虑，情绪会指导你一步步走向正确的方向。

4. 把情绪看成一个孩子

情绪就像一个孩子，不知道什么时候开始发脾气。情绪来时，要像对待孩子一样去帮助它、安抚它，这样它才会安静下来。如果情绪一来，只是对它不停地责怪和讨厌，只会让自己的情绪更糟糕。正确的做法是像对待正发脾气的孩子一样，耐下心，把它发脾气的原因找出来，梳理事情的经过，看这件事该如何处理，如何解决，才能得到更好的结果。

通过自我认识治疗焦虑

阿飞大学毕业后，在一家外资企业工作了两年半。他脑海中有一个理想的自己，现实中又有一个真实的自己，他总觉得现实中的自己不如理想中的自己，两个自己始终在不停地对抗。理想中的自我和现实中的自我存在着很大的差距，这让阿飞越来越感到焦虑不安，整天闷闷不乐，这种状况越来越严重。

事情的起因是这样的：三个月前，由他负责的项目失败了，领导当众对他劈头盖脸地一顿大骂。最让他受打击的是，最后领导指着他的鼻子说："我从没见过这么差的员工。"那一刻，阿飞理想中的自己轰然倒塌。十几年的读书生涯，阿飞一直是老师眼中的得意学生，亲戚邻居口中的好孩子榜样。走上社会后，他以为自己会一直优秀下去，谁知在现实面前，被人贬得一无是处。

面对这个失败的结局，阿飞内心起了冲突，不愿承认，也害怕承

第四章
突破常规途径：轻而易举疏导负面情绪

认领导对他的评价。那天后，他看到领导就想躲，每次想起那天的情景，他总是坐立不安，紧张焦虑，很害怕领导把自己开除了。

阿飞半年前才结婚，计划在明年买车、买房，如果被开除了，制订的计划就要泡汤了，妻子又会如何看待自己呢？看到同事们有说有笑，他总是怀疑他们是在嘲笑自己。又想："为什么我这么倒霉，这种事竟然落到我头上，为什么所有人都比我幸运。"

阿飞每天过得很不好，尤其是早晨该起床时，总不想起床，不愿去公司，但是还得强忍着去上班。到了公司，感到胸闷、气短、出冷汗、紧张发抖、浑身无力，一句话，就是浑身不舒服。每天工作时，感觉不到自己的价值，总是盼望早点下班。阿飞意识到，自己得了焦虑症，却不知道该怎么办？

长期的焦虑，程度加深后会变成焦虑症，就是一种病，它会影响人们的正常工作和日常生活。我们按正常思维来说，有病就去看医生，医生自会给你想办法。但是有句话说"心病还需心药医"，阿飞的病因属于心病，除了医疗干预外，还可以通过自我认知达到痊愈的目的。那么，如何进行自我疗愈呢？

1. 认清自己的工作能力和状态，朝着目标循序渐进

不给自己设置理想中高大上的自己，要认为现实中的自己是比较理想的形象。项目的失败、领导的责骂，打败了阿飞理想中的自己，让他感受到羞愧和难堪，从而产生严重的焦虑情绪。阿飞想要从负面情绪中走出来，首先要静下来分析自己，明确自己的工作能力，再给自己制定一个合理的可行性目标，通过提升自己，朝着目标努力。

每个人都希望自己在单位能独当一面，在工作上游刃有余，这样的高水平需要很多磨炼才能达到。进入社会不久的年轻人，冲劲足，

经验少,犯错的概率自然就要多一些。换个角度去考虑,这是成长必须经历的磨炼,并不是所谓的丢不丢脸。反过来说,一个大学生,仗着自己毕业于一所好大学,总觉得高人一等,端着架子,摆出一副了不得的样子,却没有多少真才实学,这样的人才是被人讥笑的对象。

一个人对自己要有真实的认识,理想中的自己认为水平已经很高,现实中的自己却需要很多磨炼。当理想与现实存在一大截差距时,就会导致内心产生矛盾和冲突,也会产生更多的负面情绪,像挫败感、焦虑、悲观等情绪不约而来。不要把理想中的自己过于高大形象化,这样会更容易接受犯错和失败,对他人的负面评价也会比较愿意接受。

2. 关注如何提升能力,而不是关注他人评价

犯错和失败虽然难免,总的来说是能力不够。一个人之所以焦虑,也是因为担心自己犯错和失败,所以提升能力是有效缓解焦虑的好方法。

心理学上有个表现目标,说的是做事情的目的,就是为了让别人觉得自己很厉害,需要得到他人的好评价。持表现目标的人,在他人反对自己、不赞同自己时,容易自尊受伤,这样的人遇到困境时也容易选择逃避。

与表现目标相对应的是掌握目标,指的是做事情的目的,是为了提升自己的能力,是为了更好地完成任务,不在乎别人给自己什么评价。这样的人,遇到困难挫折会努力坚持,想尽办法来完成任务。

一个人之所以失败,归根结底是因为能力问题,当有足够的工作经验后,就会大大降低失败的概率。既然已经失败了,不要把原因归咎于运气不好,而是要从自身找原因,认真反思失败的原因自己有几

分责任,如果下次遇见同样的问题,是不是能够完成得更好。

3. 寻找解决问题的方法,消除压力的源头

心理学上有个自我妨碍的理论,说的是当自己过分注重别人的看法,担心自己的能力不能应付问题时,会选择各种方法来阻碍任务的完成,以此来掩饰自己"努力却不成功"的窘态。

当工作出现了问题,一直沉浸在焦虑不安中,这于事无补。应该及时调整心态,寻找解决问题的方法,只有解决了困境,才是消除压力的源头。当一个人产生很强烈的解决问题的动机时,就能主动出击,负面情绪就有解决的希望。

释放情感,让焦虑走出来

生活中总有些事情让我们的情绪受到很大影响,可能进入抑郁、焦虑等状态,甚至可能情绪崩溃。负面情绪是没有办法避免的,感受情感是人类生命中的一部分。虽然我们随时有可能感受到负面情绪,但是不能让它们控制了我们的生活。既然没有办法避免,就要想办法解决,不然会成为我们追求成功路上的绊脚石。

不要一听说负面情绪就感觉大祸临头,它没有那样可怕,只要及时调整心理状态,通过转换注意力找到合适的释放情感的方式,负面情绪就能得到缓解。常被负面情绪困扰的人,总习惯用消极的思维模式思考问题。如果改变常规思维方式,巧用逆向思维,找出产生负面情绪的根源,就能逐步改善情绪,达到缓解焦虑的目的。

一、不让自己陷入负面情绪中

1. 剧烈运动

因为某件事你长时间被包围在焦虑情绪中,这时要适时停止思考。当机立断选择一项锻炼项目,立即行动起来,为自己的负面情绪提供一个排泄的出口。可以选择跑步、游泳、打羽毛球或其他的剧烈运动,通过产生良好的化学物质(内啡肽)来促进积极的情绪。如果不想剧烈运动,哪怕 30 分钟的慢跑或散步,也能暂时缓解焦虑情绪。

2. 每天午睡一下

睡觉是调节情绪的好方法之一。当一个人一段时间内一直处在消极的状态中时,暂时不要考虑该做什么或必须要做什么。长时间的消极状态容易造成身心疲劳,体能若是得不到及时补充,负面情绪会恶化,也会影响一个人正常的应变能力。每天给自己半小时左右的午睡时间,让大脑和身体得到适当休息,当工作能力和应变能力得到恢复,焦虑情绪就会逐渐减少。

3. 用创作缓解压力

艺术创作是暂时获得释放负面情绪的良药,同时也能激发出积极的情绪。处于消极状态时,可以写一个美好的故事;或者画一幅画;或者根据音乐自编一个舞蹈;或者做一个雕塑;或者用树叶拼凑一件工艺品,等等。艺术创作不但能减少压力和焦虑,而且还能在痛苦情绪中找到生活的意义和快乐。

如果觉得自己什么都不会,那就找一本成人涂鸦画本,在原有的图案上填涂颜色,看着不会画画的自己,手中出现了一幅像模像样的图画，会很有成就感。

4. 与亲人、朋友共度时光

负面情绪是生活中不可缺少的一部分，它会让我们变得强大和成熟，但是并不表示要独自承担。当你被焦虑包围时，可以与关心你、爱你的人共度时光，他们的支持和理解会让你觉得事情并没有想象中那么糟。同样，爱你的他们，会站在你的角度和你一起体验带给你焦虑的事情，陪同你一起吐槽你的不快乐，在这个过程中，焦虑情绪不知不觉就释放了。

二、寻找积极的方法

1. 暂停思考令人焦虑的问题

陷入焦虑时，整个人的注意力都会放在这件事上，反反复复地想象和思考，这让自己感觉更糟糕，觉得问题越来越严重。发现自己不断陷在负面情绪中时，要突破原有的思维方式，改用逆向思维，对自我状态进行管理。

（1）一天中设置特定的时间集中思考担忧的事。就像提升工作效率的"番茄钟"一样，一天中给自己设置两三个时间段，每个时段时间为 20 分钟左右，在这个时间里集中思考令自己焦虑的问题。等这个时间段过去，提醒自己必须专注地工作，再轮到下一个时间段才能思考。

（2）找出焦虑的根源。要解决问题，找出根源永远是最好的办法之一，这是从源头上解决问题。如果焦虑的原因是自己在工作中犯了一个错误，被领导批评。那就反思错误是不是可以避免，能够避免，就要吸取教训；是自己能力达不到，就需要提升业务能力。反复焦虑不能解决问题，找到解决问题的方法才是关键。

（3）确定最坏结果。把让自己一直焦虑的事，干脆设置一个最坏的结果，看自己有没有能力处理，有没有能力接受。如果对最坏的结果都有处理的能力，焦虑自然就得到缓解了。

2. 解决问题

一个人产生焦虑情绪，和他看待事情发展的方式有着直接联系。如果思维常陷入非理性或灾难性，人就特别容易焦虑。这时，有必要思考一下自己看待事情的方式，看看自己焦虑的想法是否理性，是否合理，或者只是自己的执念。例如最近一段时间，李平总是预感女朋友要和自己分手，常常为此感到焦虑。他认真思索女朋友的近期行为，却没有任何证据证实自己的预感。

这时，李平可以给自己设置一些问题，通过回答问题，从而克服焦虑情绪。

（1）我怎么证实这件事一定会发生？我怎么证实这件事不会发生？

（2）我能换个其他思考问题的方式吗？

（3）预感与事实间有着必然联系吗？

（4）如果这件事真的发生了，我有处理事情的能力吗？我有足够的承受能力吗？

（5）我的想法是不是很可笑？

3. 用现实的想法替换消极的想法

当人陷入消极状态时，所有的想法都是消极的，这时，就有必要转换思维，替换消极的想法。处于消极思考问题时，要大脑一下子接受积极的想法是不现实的，用中立的想法去替换就相对容易。

第四章
突破常规途径：轻而易举疏导负面情绪

比如：①"我一定做不到"改成"我只是暂时做不到"，而不是"我一定能做到"；②"我永远是最差的一个"改成"只要愿意学习，我一定会进步"，而不是"我一定会成为最棒的"；③"我是一个不称职的员工"改成"我还在学习和努力中"，而不是"我一定会成为最好的员工"。

以上几种方法中，可以给负面情绪找一个合适的释放通道，当焦虑不断被缓解后，你便发现生活原来是那样的美好。

若要别人接纳你，先接纳自己

焦虑情绪就像一个顽皮的孩子，你越不喜欢它，越不想要它，它就越想跟着你。相反，如果把它当成好朋友，全心接纳它，它就变得乖巧听话，愿意与你和平相处。

很多人理想中的自己和现实中的自己完全是两个人，理想中的自己优秀完美，现实中的自己能力不足、自信不够、长相普通。因为现实中的自我达不到理想中的状态，两个自己经常发生冲突，使自己总是处于焦虑状态中。

常规思维中，我们都想成为完美的人，这是一个美好的想法，从逆向思维而言，人不可能做到完美，每个人都有缺点。站在逆向思维的角度，接纳不完美的自己，就是接纳自己的优点和缺点。一个能自我接纳的人，才能接纳全部的自己，包括不理想的现状、不完美的过去、自身的缺陷等；同样才会理性地接纳别人，更能宽容别人的弱点和问题，同时对别人的优点也不会嫉妒，而是看成激励自己的动力。

逆向思维：
如何化解你内心的焦虑

一个懂得逆向思维的人，在任何情况下都能够做到真正接纳自己，就算不够优秀和漂亮，自有一种气场和自信，有一种发自内在的魅力和吸引力。一个不能接纳自己的人，却是不敢直视自己的内心，这样的人总是不够自信，自我价值感低。

在一次画展上，看累了的卫兰，找了个角落坐下来，旁边坐着两位男生，她和他们交流起来。交流过程中，一个男生始终低着头，眼睛看着地面，说话声音像蚊子叫；另一个男生和她坦然交谈，目光直视着她，说话声音正常，脸上始终带着微笑，他还诚恳地说："我说的只是代表我的观点，如果说错了，你可别见怪。"

同样是陌生人，这两个男生，我们会更喜欢和哪个交流？答案不言而喻，肯定是第二个男生。很明显，第一个男生是一个不能接纳自己的人，他没有自信，怕自己说错话，不敢与人直视，不敢表露真实的想法；第二个男生显然是一个能够接纳自己的人，即使自己说得不一定对，他还是愿意把真实的想法说出来，这就说明他足够自信，不怕犯错。自信，是一个人与他人交流的最好名片。

接纳自己就是对自己有客观的认识和评价，正视自身优点，不追求完美，同时也能包容自己的缺点，与不完美的自己和平相处。懂得逆向思维，才真正明白接纳自己并不是说满足于现状、不思进取，而是不因自身的缺陷而自卑，乐观地积极面对生活。

为什么说只有接纳自己的人，别人才能接纳你，可以从以下几方面来理解。

（1）不能接纳自己的人，在心底排斥和讨厌自己，内心常会发生严重的冲突，因此总是带有负面情绪。过多的负面情绪不但影响心情，而且与人交往时总给人太多负能量的感觉，这样的人一般不会被

第四章
突破常规途径：轻而易举疏导负面情绪

他人喜欢。

（2）不能接纳自己的人，对整个自己不满意、不自信，从外形到内在，从过去到现在。不自信的人与人交往时，总是垂头丧气，表现不出独特的魅力，不太容易吸引人。

（3）不能接纳自己的人，总是怀疑自己的能力，与他人共事过程中，对他人有很强的依赖性。当别人不能满足他们的要求时，会迁怒和攻击他人，这种习惯不利于建立良好的人际关系。

（4）不能接纳自己的人，大多是没有亲和力的人，别人只能对他敬而远之。

（5）不能接纳自己的人，说明对自己拥有的外在形象、家庭背景、成长过程等都不满意。一个不懂得珍惜拥有的人，就是一个不懂得感恩的人，这样的人对别人拥有的也会很挑剔，要么看不起别人拥有的，要么嫉妒别人拥有的，这就很难获得他人好感。

（6）不能接纳自己的人，对自己拥有的一切都不满意，别人觉得他挺好，想靠近他时，因为自卑，会认为别人对自己好是另有所图，如此筑起一道心理防线，这就很难让人靠近。

（7）接纳自己是一种能力，自信的人会接纳自己的好与不好，对自己的缺点会包容，因为他看到自己更多的优点。在看待他人时，看到更多的也是他人的优点，这就有利于大家互生好感。

（8）接纳自己的人具有正能量，因为他必定是勇敢的人，敢于正视过去的不好，敢于面对未来的困难，人们总是喜欢和有正能量的人交往。

每个人或多或少总有让自己不满意的地方，不肯接纳自己的人，觉得自己缺点太多，这些缺点让他产生自卑。通过逆向思维，去想一想，有些事情就想明白了，一个不被自己接纳的人，即使别人接纳了他，他会坦然接受别人的接纳吗？对别人的接纳会感到由衷的高兴吗？

接纳自己是一个人自信的表现，也是心理健康的表现，每个人都是独一无二的，没有人能够完全代替。或许你目前的价值不大，并不表示你就是一个没有价值的人，也不表示你永远没有价值。不管是一个怎样的自己，都要勇敢接纳，不要去和别人比较，做最好的自己就行！

善于调整心态，是人生的最大财富

张倩的父亲重男轻女，由于妻子生了个女孩子，常常辱骂她，并开始酗酒，酒后暴打妻子。张倩的母亲性格懦弱，不敢反抗，每次被丈夫打后，就抱着张倩，含着泪对她说："孩子，你是妈妈唯一的希望，一定要听话，将来要有出息，给妈妈争口气。"

张倩就是在这样不幸福的环境中长大，从小看着父亲暴打和辱骂母亲，对父亲一直有种恐惧感，始终生活在紧张和焦虑中。每次看到父亲，总是低着头，大气也不敢出。有时候，父亲见张倩对他一声不吭，顺手就给她一个耳光子。

读书后，张倩很不合群，总是一个人坐在座位上，默默地看书和做练习。因此，她从小学到高中，成绩始终名列前茅，最终考进理想的大学。读大学后，张倩长长地舒了口气，以为自己终于能够彻底摆脱家庭阴影了。

第四章
突破常规途径：轻而易举疏导负面情绪

让她没想到的是，她陷入了新一轮的困惑和焦虑中。以前她读书成绩好，同学和老师对她另眼相看，在大学里，到处都是和她一样优秀的同学，她发现自己没有一样能胜过别人。她羡慕地看着和她差不多年龄的女同学都恋爱了，只有她形单影孤。

孤独的她，大部分课余时间都泡在图书馆。一天，一个在图书馆已经遇见过好几次的男同学，邀请她周末一起去看电影。张倩很想去，又怕因为这次约会，打破自己在对方心目中的好形象。

接下来几天，张倩坐立不安，内心慌张焦虑，不知道该不该赴男同学的约。

张倩焦虑的根源是家庭环境造成的，原生态家庭的不幸福，让她从小生活在紧张焦虑中。心理学家说："你眼中的世界是你想看到的世界；你做出的反应，不仅是外部因素的导引，也是内心欲望的驱使。"良好的环境对人的成长很重要，良好的心态对人生更重要，当一个人心态不好时，常常会产生焦虑情绪。

过去的创伤已经在心理上造成巨大的伤疤，我们应该这样想，如果总去揭伤疤，只会给自己增加痛苦。最重要的是懂得运用逆向思维，忽视已经存在的伤疤，调整好心态，把精力放到有意义的事上去。那么，我们该如何做呢？可以通过以下方式调整心态，让焦虑情绪得到缓解。

1. 记住好事，忘记坏事

生活中，我们会遇见好事和遇见坏事，心情的好坏不是取决于发生好事还是坏事，而是记住好事还是坏事。因此，需要我们进行有选择的记忆，不要去回忆那些不好的事情，记住那些能给我们带来快乐的事情。

2. 积极的自我暗示

思想决定行动，积极的自我暗示会把行动朝着积极的方向推进，从而影响事情的结果。比如常常对自己说："我很棒！""没什么大不了！""我是优秀的。""今天的我比昨天的我好一百倍。"少说："我不够好！""我配不上幸福的人生。""我没有理由获得幸福。"

3. 珍惜自己拥有的

每个人总羡慕别人拥有的，忽视自己拥有的。其实每个人都拥有别人没有的东西，比如一个不快乐的童年，看上去是不幸的，反向去想，过早体味痛苦的人，以后遇见痛苦会有更大的承受能力。

4. 运用合理化机制

"酸葡萄效应"是对自己追求不到的东西加以贬抑和打击，与之相反的是"甜柠檬效应"，指的是努力说服自己和别人，自己所拥有的东西才是最好的选择。合理化机制是一种心理防御机制，它把得不到的东西说成不好，拥有的看成是完美，运用它能够有效地缓解内心的焦虑和不安。

5. 懂得放弃

是人都有欲望，金钱、地位、权力、学历、人际关系等，想要的越多，心里的包袱就越重。很多东西我们生不带来，死不带去，学会放弃，人生就会更轻松。

6. 始终保持乐观的心态

乐观和悲观是两种截然不同的心态，直接影响到人们的生活质量。乐观的人笑对失败，从失败中吸取经验，作为成功路上的奠基石；悲观的人认为失败是没有办法改变的，自己对此无能为力，不想再去努力。

第四章
突破常规途径：轻而易举疏导负面情绪

人类的种种负面情绪，源自于大脑最原始的要求，这种要求的出发点是保护我们，为了让它们能够继续保护我们，要把它们引导到正确的方向上。有了这种想法后，不妨逆向思维，任其发展下去，看一看它的结果是不是像我们担心的一样。当然，我们还可以安心做自己的事，不去理会它，继续追求自己的人生价值。在自我价值得到最大化时，负面情绪自然就没有闹腾的机会了。

当焦虑时，"装"出一个好心情

当一个人被焦虑情绪包围时，心情郁闷得可能有喘不过气来的感觉。这时，应该想办法选择释放，而不能采取强制压抑，不然焦虑程度反而会增加。焦虑时，假装有个好心情，比如假装开心地哈哈大笑，兴奋得一边拍手一边跳起来，快乐地和人拥抱……当你像好心情一样去做时，心情真的会好起来，这是把焦虑情绪转向积极情绪的有效方法之一。

今年25岁的丹丹，从她身上看不出属于年轻人的青春活力，常常表现出一副焦虑的模样，说话时声音轻得像蚊子，这种状态已经持续了好长时间。

一天早上，丹丹去上班，和公司的一位保安大叔一起乘坐电梯。保安大叔看了丹丹几眼，说："姑娘啊，你怎么总是愁眉苦脸，是有什么不顺心的事吗？"丹丹敷衍地说："叔叔，没有什么不顺心的事，只是心情有点焦虑而已。"

保安大叔哈哈大笑起来，说："我以为你遇到了什么大难题，原

逆向思维：
如何化解你内心的焦虑

来只是焦虑啊。年轻多好，没有任何理由让自己焦虑。大叔教你一招，保证你以后天天好心情。"丹丹说："叔叔有什么妙招吗？"保安大叔说："不要被常规思维所束缚，适当的时候你要逆向思维。请记住，不管遇到什么事，一定要告诉自己：'我很开心，真的很开心，没有什么能让我不开心。'然后像开心时一样哈哈大笑。哪怕是真不开心，也一定要装作开心，过一会儿，你的消极情绪就会被积极的情绪所代替，真的就会开心起来。"丹丹虽然将信将疑，还是礼貌地对保安大叔说："好，谢谢叔叔，我回家试试。"

上了一天班，下班回家，丹丹想好好休息一下，谁知道表弟把她的房间弄得乱七八糟，甚至打翻了她最喜欢的香水。这让她顿时焦虑起来，就在她刚想发火之际，想起电梯里保安大叔教的方法，立即对自己说："没什么，我要保持好情绪。哈哈，我真开心，表弟居然没有拆了我家的天花板，眼前的破坏只是小事而已！"

没想到保安大叔的这一招真灵，如此一想，自己似乎真的没那么焦虑了。从那以后，只要有什么不开心的事，丹丹就会让自己假装很开心。后来，她领悟过来，原来一个人的心情好坏，是取决于最初的情绪选择。所以，哪怕心情不好的时候，假装一下好心情，也会弄假成真。从此，丹丹真的和好心情结了缘。

丹丹之所以能够从焦虑中摆脱出来，并拥有好心情，关键的一点是她学会了"装"出好心情。无论在工作中，还是生活中，如果我们能够学会"装"作好心情，真的能拥有好心情，这是一件很奇妙的事。当一个人常常能拥有积极情绪时，会更多地感受到生活的快乐和美好，从而让自己拥有更强大的自信和意志力。

能够让自己获得快乐是一种能力，同样，一个能让自己在不快乐时，依然保持微笑的人，是生活的智者。很多人都喜欢阿庆嫂，却很少有人喜欢祥林嫂，这是因为大家喜欢有阳光心态的人。生活不可能永远波澜不惊，只要我们懂得调整自己的心情，就会让自己快乐常驻。

生活是个万花筒，只要我们能改变思维，反向去想，一定能得到我们想要的。就像心情不佳时，学会控制焦虑情绪，装出好心情，真的能让自己保持积极的乐观情绪。那么，当心情焦虑时，我们要如何运用逆向思维，去获得好心情呢？可以试试以下几种方法。

1. 假笑疗法

生气时，找一面镜子，对着镜子哈哈大笑，尽管这笑让人莫名其妙。持续几分钟之后，心情真的会好起来，这种方法叫"假笑疗法"。实验证明，假笑能触动体内横隔膜，具有很好的热身效应。假笑时，体内横隔膜会将假笑引发成真笑，不知不觉就会由衷地发出笑声。

2. 转变角度思考问题

很多焦虑情绪都是钻牛角尖形成的，在自己心情不好的时候，时常用积极的话语提醒自己，比如"世界上并不是每个人都很顺利，跌跌撞撞才是人生"，"这点挫折算什么，只是毛毛雨"等。千万不要认为自己是最倒霉的一个，不然越想越气，心情会越来越糟糕。

3. 回忆愉快的事情

当我们确实很焦虑的时候，不妨回忆一些愉快的事，用美好的回忆来调节情绪，当心里被温暖的往事包围时，心情就会好起来。

4. 想象美好未来

未来是未知的，我们把控不了，也预知不了，与其充满担忧，为何不往好处想呢？我们把它想象得美好而又充满希望，让自己对未来心怀向往，这样好心情会带动我们前进的脚步，让我们更有勇气去追逐未来的幸福。

积极的情绪，是焦虑的敌人

喜欢探究未知是人的天性，每个人都希望预先知道自己不确定的未来，人类对先知、预言者的顶礼膜拜已经存在了好几千年，外国的星座和中国的算命都算是对不确定的未来作预测。不确定几乎会引起每个人的焦虑，不管结果是好还是坏，都让人焦虑不安。很多人宁愿选择知道最坏的结果，也想极力避开不确定，但是不确定作为我们生活的一部分，想要避开它而产生的问题要比解决它的问题还多。

想要避开不确定，需要逆向思维，首先去做决定，但是任何决定都要面临不确定性，不管决策看起来如何万无一失，总有失误的可能性。如果不能忍受失误的可能性，就只能选择推迟决策或思前想后迟迟不肯做决定。

生活中的不确定性是不是负面的呢？在常规思维状态下，假设消除了不确定性，我们的生活会如何？从来不去尝试新体验，不去结交新朋友，不参加任何社交活动，不设定远大的目标，不坐飞机，不坐火车，想象得再夸张一点，最好连路都不要走，因为这些事都可能带来不确定结果。如果这样，我们的生活将毫无意义，再没有快乐可言。

既然不确定性在生活中无法避免，就需要我们放弃常规思维，运

第四章
突破常规途径：轻而易举疏导负面情绪

用逆向思维，试着去接受它，平时可以在生活中尝试多做一些带来不确定结果的小事：比如换一种交通工具上班、试着和陌生人交谈、决定随机看一场没有看过简介的新电影、去一家从来没去过的餐厅吃饭……我们无法知道这些事情会带来什么样的结果，如果害怕结果不如意而极力回避，也就无法体验意外惊喜带给我们的兴奋和快乐。或许事前我们有些紧张，反向想一想，至少我们是在体验丰富多彩的生活，如果只愿接受确定性，人生就将不完整。

不确定的未来是引起焦虑的前提，已发生的一些事也是我们焦虑的根源。比如某次交通事故中死去的亲人，曾经投资亏了很多钱，小时候不小心掉进河里，这些一想起就让我们焦虑烦躁不安的事，总想努力推开它们。可是越想把负面情绪推出去，负面情绪越是跟着你，这种内在冲突只会让自己感到更加疲惫。

当我们被焦虑包围时，是不是真的能把负面情绪从脑子里推出去？心理学家曾经做过一个实验，我们一起来体验一下。

心理学家找来一群试验员，首先让大家看一些关于大熊猫的图片和录像，然后把他们分成三组，带到安静的房间内，再让他们闭上眼睛，实验的时间都是五分钟。

第一组：要求他们五分钟内不能想象大熊猫的图像，因为图像会给他们的生命带来威胁，如果大熊猫出现在脑海里，就要想办法把它们赶出去。

第二组：他们可以自由想象任何事情和图景，如果大熊猫图像冲进脑海，没有关系；如果没有大熊猫图像，也没有关系。

第三组：拼命压制想法，始终不让大熊猫图像冲进脑海。

实验结果，第一组试验员在闭目冥想时，努力不让大熊猫冲入脑海，但是大熊猫还是不知不觉冲进来，尝试努力不想大熊猫的方法没有效果。当他们想把大熊猫从脑子中赶出去时，这个过程让他们焦虑烦躁。

第二组试验员极力不去想象大熊猫图像时，大熊猫不断地冲进脑海中。他们调整思路，不再控制自己去想象大熊猫图片，让脑子自由地想象，这时心情反而放松了。想到憨态可掬的大熊猫在他们身边笨手笨脚地走来走去，心情愉悦的他们哼起小曲，甚至想要去亲近它们。

第三组试验员一开始就努力把大熊猫图像完全排斥在脑海外，越想排斥大熊猫越是扑进来，整个过程他们在不停地和自己作战斗，仅仅五分钟时间，实验结束时，他们感到精疲力竭。

大熊猫实验说明，当人陷入焦虑情绪中时，想要抑制或控制对不确定事物产生的严重不良后果的联想，就像抓起身边一个装满液体的水桶，向焦虑之火上猛浇，结果发现水桶里装的是汽油。

根据上面的实验，可以看出被负面情绪包围时，不要刻意压制焦虑，就像皮筋绷得太紧容易断，刻意压制也有可能引起反弹。积极的情绪是焦虑的敌人，我们应当放松心情，允许自己适当的焦虑和担忧，坦然接受它，并去体验它，这样反而更能心平气和地顺利走出焦虑的困境。

第五章

轻松驾驭自我：不再为不确定焦虑而困扰

不确定性是人生的常态，每个人都要面对不同的不确定。想要克服不确定带来的焦虑，首先是要改变自己的价值观，接受和认可不确定性在生活中的普遍性和正常性。当我们能够坦然接受不确定性的存在时，才能保持一颗平常心。

不确定感、焦虑和容忍度

不确定是产生焦虑的必要条件，当我们担心和焦虑时，一定在面对不确定的情境。如果结果已经确定是不好，我们出现的情绪不再是担心或焦虑，而是恐惧和害怕。所以说，不确定情境是产生担心和焦虑的前提。

当然，转换思维，逆向思考，就会发现不确定的结局却不一定会导致焦虑情绪，反而有可能带给人们兴奋和期待。比如收到好朋友送的生日礼物，买彩票未开奖前的等待，看一本不知道结局的小说等。心理学家研究发现，当奖励数量已经确定或奖励数量没有确定的情况下，后者更有动力让人去完成任务，这个过程体验更积极、更容易让人满足。

1994年，Freeston等人提出了"无法容忍不确定的程度"（简称IU）的概念，"不确定"和"焦虑"之间的相互关系，可以用来衡量对不确定的容忍度。他还开发了27道测试题，让参与的人根据"不确定性让我沮丧""我将所有的事情做好提前准备""我无法接受惊喜"这样的体验来打分，以此来检测"无法容忍不确定的程度"。

IU水平得分高的人说明喜欢待在舒适区里，不确定对他们来说是一种威胁，对一点点的刺激都会有强烈的反应；IU水平得分低的

第五章
轻松驾驭自我：不再为不确定焦虑而困扰

人对不确定容忍度比较高，喜欢体验刺激、冒险的生活，不确定性带给他们兴奋的感觉。心理学家经过一系列研究得出结论：IU 是产生焦虑和维持的关键影响因素，也是焦虑及焦虑障碍的最重要预测指标。

那么，到底是什么影响我们无法容忍不确定呢？通过改变思维方式，巧妙运用逆向思维，我们就可以厘清三个因素之间的联系。

1. 与赌注大小有直接联系

赌注比较小时，不确定令人兴奋，比如一份未知的礼物，一个不知道金额的微信红包，一份年终奖品。当未知的赌注比较大时，就会产生紧张和焦虑，比如高考成绩、大笔金额的股票投资、升职加薪。对每个人来说，赌注大小是相对而言，有的人认为是否能升职的赌注比较大，有的人认为股票能否赚钱的赌注比较大，这是因人而异。

2. 与一个人情绪稳定性有直接联系

不确定的结果难以预料，情绪稳定性高的人，难以预料的结果虽然带给他们焦虑和紧张，但是他们会在短期内结束这种情绪，把注意力转移到相应的计划或准备上去；情绪稳定性差的人，很小的不确定都会让他们感到焦虑烦躁，完全慌了神，没有一点应对能力。

3. 长期的忧虑者

有些人在漫长的人生中，长期处于比一般人更容易担心和焦虑的状态中，这类人属于长期焦虑者。他们在做出一个决定前，需要获得更多可确定的信息和证据，对于那些模糊的不明确的任务更难完成；对一些不确定的事情，总是朝着严重的危险做出猜想。这与他们的性格和出生基因、后天经历及家庭教育都有关系。

对不确定的焦虑会加剧焦虑障碍、抑郁障碍、进食障碍等在内的一系列精神障碍的认知易感性，其中与焦虑障碍的相关性最强，广泛性焦虑被证明与对不确定的容忍度直接相关。当我们主动调整对不确定的容忍度时，广泛性焦虑的程度直接发生改变：IU 水平程度低时，广泛性焦虑程度更高；IU 水平程度高时，广泛性焦虑的程度更低。

既然已经知道，焦虑来源于不确定状态，无论不确定的结果是更好还是更坏，仅仅不确定本身就让人焦虑不安，有些人宁愿接受最坏的结果，也不想接受不确定的折磨。现代社会可谓是瞬息万变，机会与风险并存，不确定性也随之越来越大。

不确定已经是我们生活的一部分，它是我们想要改变现状的过程中一个不可避免的环节，如果无法忍受不确定，就意味着故步自封、闭门造车。一个不愿忍受生活中不确定性的人，整日生活在安全被破坏的担惊受怕中，对自己的人生不做任何的改变和突破，不但失去了创造的快乐，而且也没有什么幸福可言。

在不安全中生存，是获得安全的唯一途径

电视剧《阿甘正传》里阿甘的母亲对阿甘说过这样一句话："生活就像一盒巧克力，你永远不知道会得到什么。"在国外，每盒巧克力里面有好几种形状和口味不同的巧克力，如果没有打开品尝，永远不知道下一个吃到的巧克力是什么味道。

人生就像那盒巧克力，听上去感觉特美好，事实却是充满太多的不确定性，没有人能预知自己的未来，真实的人生是这样的：信心满满地投出去 100 份简历，自我感觉良好地参加了 10 场面试，结果石

第五章
轻松驾驭自我：不再为不确定焦虑而困扰

沉大海；终于鼓起勇气跟一个喜欢了很久的人表白，人家愣是不给出答复；大学即将毕业，不知道该选择工作还是考研……

人生到处缺乏确定性，常常让我们不知所措，这种处在未知结果中的情绪就是焦虑情绪。结果的可确定性和可预测性是人类一种与生俱来的追求，但是真实的人生，却常常面对很多不确定。不确定性不可能从我们的生活中完全消除，对于未来的决定，常常不得不在缺乏确定性的情况下做出选择。

刚从学校步入社会的群体，这个阶段需要面对的不确定越来越多。心理学家 Jeffrey Jensen Arnett 把 18~29 岁的年龄段称为"成年初显期"，他们没有完全脱离原生家庭的庇护，却有着强烈的追求独立和自由的意识，因各种现实因素达不到理想的状态。

小时候认为很多问题只有唯一答案，比如两条平行线永不相交，磁铁的 N 极和 S 极相互吸引，力的作用是相互的，只要找到一个支点就能撬动地球……在不断的学习和成长经历中，我们的知识结构日趋完善，当走过知识带来的自我膨胀期，真正走上社会、面对社会时，面对更多的是迷茫和不确定——很多时候、很多事物，根本不止一个答案。我们常常站在人生的十字路口，不知该如何选择，因为每个选择的结果都具有不确定性，而不确定是导致人们焦虑情绪的前提。

焦虑情绪作为人体一种预警机制和保护机制，在可能产生不确定性时，大脑通过认知闭合系统，会自动选用一些方式避免不确定性。在 20 世纪中期，心理学家 Frenkel-Brunswick 从研究中发现，人类生活中很多行为是为了逃避不确定结果而提早做出的准备。比如：

（1）在模糊中过早做出决定：现在就业这么难，不如选择读研究生。

（2）非黑即白的思维：公务员是铁饭碗，考上了就一劳永逸。

（3）按照事先工作方案办事：工作过程中发现了更好的工作方法，但还是采取原来的方案办事，因为旧方案是大家认同的，如果尝试新方案，万一失败了，就得背负责任。

德国物理学家海森堡于1927年提出的不确定原理表明："粒子的位置与动量不可同时被确定，位置的不确定性与动量的不确定性遵守不等式。"既然连物理学中的粒子都无法准确定位，我们又如何要求未来有确定性和可预测性呢？其实，我们最需要关心的是如何与不确定性相处，只要掌握好与不确定性的相处之道，就会减少或克服不确定带来的焦虑。当然，在常规思维下很难做到，可以借助逆向思维，从以下几个方面进行努力。

1. 可行的计划代替期待

制订一个切实可行的计划，替换对未来的期待。在没有确定性的期待中，人的情绪会变得焦虑，一个可行性的计划就像一个代办清单，把注意力投入到可能能够做到的事情上，确定性就增加了，焦虑情绪就随之减少。

2. 为可能性做好准备

不确定之所以给人带来焦虑，是担心未知的事情变得不可控制，或者出现的不良结果不在自己的承受范围内。但是人类的前瞻性能帮我们提前做好准备，或者至少有个心理准备。

例1：一个打算出门两三天的人，不知道会不会下雨。为了应对不确定，可以在旅行箱里放一把雨伞和一套换洗衣服。

例2：一个开办公司的人，不知道公司什么时候有可能破产。为了应对不确定，可以给公司财产买一份保险。

3. 做情绪的主人

通常带给我们困扰的不是不确定性事件本身，而是随之而来的情绪反应。不确定性让我们产生各种恐惧的猜想，这些想法常常脱离现实，焦虑情绪就是由这些对结果的预测造成的。

一个刚刚毕业的大学生，明天上午将要去参加招聘面试。晚上，他担心得睡不着，"如果面试失败了该怎么办，别人会如何看我，是不是我很长时间都要找不到工作？"

在常规思维模式下，现实本身只是一场面试，并不是一件恐怖的事，担心面试失败才是产生焦虑情绪的重要原因。

4. 设想最坏结果

设想一个最坏的结果，并给它制订一个处理方案。当我们对最坏结果有处理能力时，对于不确定的事就不会再那么焦虑。

比如想向心仪的女孩表白，又怕对方拒绝，事先设想对方不同意的最坏结果，并为这个结果计划好一个处理方案：那时气氛肯定会很尴尬，你想好的处理方式是很幽默地对她说"我是和你开玩笑的啦"。

5. 做好能控制的部分

很多事我们要有"尽人事听天命"的心态。对于不确定的事，不要盲目去夸大不能控制的部分，而要努力去做好能够控制的部分，以此降低不确定产生的坏结果。

比如参加面试，我们尽可能准备好自己的简历、穿着和合适的自我介绍，这些内容的成败掌握在我们自己手中。像面试官会问一些什么问题，这些问题难不难，不是我们能控制的。

逆向思维：
如何化解你内心的焦虑

著名数学家 John Allen Paulos 曾说："在这世上唯一确定的东西就是不确定。学会在不安全中生存，是获得安全的唯一途径。"就是说不同的人遇见相同的情况，会产生不一样的情绪，这是由每个人的价值观决定的。如果想要克服焦虑情绪，就要从心底学会接受和认可不确定性在我们生活中是很普通的这一观点。当我们能够坦然接受不确定时，才能对未知的未来不那么担心和害怕。

通过逆向思维，消除不确定焦虑

很多人对未来总是感到很迷茫，不知道下一步该怎么走，不知道未来会如何。其实，人生的玄妙正在于此。就像一部电视连续剧，如果每一个悬疑都被人轻而易举地猜到，这剧还有什么可追，追剧的趣味就在于对剧情的不确定和未知。李安在《饮食男女》中表达一个核心问题："人生不能像做菜，等所有的材料都准备好了才下锅。"的确如此，如果我们的人生一眼就能看到底，那还有什么意义可言？人是一种充满矛盾的生物，既对不确定充满了期待，又对不确定充满了焦虑。

那么，要如何来消除对未来不确定的焦虑感呢？需要我们转换思维，逆向看待出现的问题，可以从以下几方面去努力。

1. 焦虑是大家普遍的特征

现在是信息时代，由于信息传播的便利性，导致大家不断产生信息焦虑和知识焦虑。以前信息比较封闭，大家各自生活在自己的圈子中，周围的人基本和自己的情况差不多，不相上下的生活水平不构成焦虑。现在发达的网络,把人与人的信息紧密地连接在一起。

比如我们常常得到这样的信息:同龄人某某某创业成功,同龄人某某某出国留学,同龄人某某某获得了某某奖,同龄人某某某买了豪车豪宅……大量涌现的信息让我们越来越焦虑,恨不得希望自己明天就能成功。不确定的未来,轰炸式的信息,让我们失去了安全感。每个不喜欢剧透的人,希望自己的未来是清晰可见的,这样才有安全感。

2. 放弃部分安全感才能进步

为了全方位观察所处的环境,大多数动物的眼睛长在两侧,这是一种极为安全的配置。但是它的弊端是目光无法集中到一个点,在这种情况下,大脑皮层也得不到进化。

为了可以长期聚焦观察和思考问题,生物在进化过程中,一些动物的眼部进化到了前面,慢慢进化出大脑皮层。有人曾经说,整个人类文明的进化,都是建立在大脑皮层的进化上。所以从逆向思维来看,几乎所有的进步,都是通过放弃部分安全感所得到的。

生活中,那些一直在追求百分之百安全感的人,其实是最没有安全感的人,因为他们时刻担心安全感被破坏,长期处在担惊受怕中。他们无法在任何事情上集中注意力,进行长期观察、深入思考,始终被情绪困在当下的焦虑中。反向去想,我们得到的是这样的结果:

(1)始终追求百分之百安全感的人,一直困在当下的紧张和焦虑中;

(2)只有勇敢地放弃部分安全感,才能深入长期地观察和思考,才能推动自己的进步。

3. 把放弃的部分安全感转化为进步

随意去问任何一个人：是不是希望未来比现在更好？几乎百分之百的人都会肯定地回答：当然！这说明了每个人潜意识里都希望自己能进步，只有进步才能让自己越来越好。如果想要百分之百的安全感，那就是维持现状，也就无所谓进步。不肯迈出舒适区的人，是不可能奢望得到更美好的未来。同样道理，转换一下思维，逆向去想，就会得出"希望得到更好未来的前提就是放弃部分安全感"的结论。

世上唯一能确定的东西，就是一切事物都具有不确定性，也就是说，世上没有百分之百的安全感。既然安全感是不确定的，与其担心害怕被动打破安全感，不如主动选择放弃部分安全感，留下更多的精力、时间去观察和思考。

脚踏实地一步步走向不确定的未来，知识的积累、经验的丰富、处理事情能力的提升，让进步为自己筑起堡垒，不失为追求安全感的一种好方法。

4. 进行有效社交

放弃的部分安全感除了用来自我成长，还可以把它交给信任的人替我们保管。如何来理解信任的人？就是不去利用自己主动放弃那小部分安全感的人，这类人通常都是亲人、朋友、爱人或其他可信的人。不孤立行动，选择有效社交，各自拿出部分安全感交给可以信任的人。比如一个人认为把钱存在银行是最安全的，但是银行利息太低，为了多点收益，他放弃部分安全感，拿出部分钱，跟着哥哥学炒股。

社交的本质就是放弃部分安全感，并把小部分安全感交出去。也许在社交中我们会受到伤害，但是我们会获得更多的信息及他人的帮助。

5. 用可知的安全感弥补放弃的安全感

每个人的未来都是未知的，当那部分放弃的安全感在进步中获得正向反馈，反而能够产生新的安全感，这种安全感来得更踏实。放弃的部分安全感，有两种途径可以弥补回来：①在不断的进步中补回来；②在将来不断的有效社交中补回来。通过横向比较来看，有两个补回安全感的方法，是不是比只想拥有一成不变的安全感（我们知道，安全感原本也是不确定的）来得更安全？

不确定让我们收获更多的意外惊喜

我们看不到未来，永远不知道明天会发生什么，在日常生活中，应对不确定性是不可避免的问题。心理学家通过研究发现，每个人对不确定性的应对能力不一样。有些人与生活中的很多不确定相安无事，有些人只能承受一般的不确定性，过度焦虑的人基本无法忍耐一点不确定性。过度焦虑的人为了避免或消除不确定性，经常为每件事做详细的计划和足够的准备。

大多数人对不确定性会感到不舒服，这是正常和普遍的现象。比如去一家陌生的餐厅，不知道口味是否合口；去参加一个聚会，不知道有哪些人会来；老板对刚刚完成的任务没有表态，不知道他是否满意……对于这些不确定的信息，内心总是有点别扭感。

不能容忍不确定性很像对花粉过敏。花粉对一般人不会产生不良影响，但是对于一些花粉过敏的人，每当花开的季节，就会出现眼睛

逆向思维：
如何化解你内心的焦虑

发痒、鼻涕横流、咳嗽不止等症状。不确定性和花粉一样，是我们生活中的一部分，我们只有两个选择——要么尽可能避免不确定性，要么想方设法承受它。

一个不能容忍不确定性的人会做什么？常会发生下面的行为。

（1）寻找过度安慰。当不得不做一个决定时，他们会多次向亲人或朋友询问意见。

（2）制订计划表。为了消除不确定性，他们会选择制订一个长而详细的计划表，有可能一天会有好几个计划。

（3）反复检查。比如出门时反复检查是否锁了门，给领导的报告一再检查是否有错别字，几次打电话确认家里人是不是平安等。

（4）任何事情亲自完成。怕别人做不好，他们不肯放手把工作交给别人去做，宁愿自己累着。

（5）选择拖延和逃避。不确定性导致产生焦虑情绪，为了躲避不确定性，他们宁愿选择拖延或逃避，不做事就不会产生不确定性。

（6）选择忙碌。为了不让自己有时间去思考令自己焦虑的不确定事件，他们会选择忙忙碌碌过一天，忙碌得让自己没有时间去考虑担忧焦虑的事。这样的人，往往无法享受到意外的惊喜和意想不到的乐趣，因为这对他们来说也是一种威胁。

（7）不确定性永远存在于生活中。记住，没有人能看到未来，不确定性一定存在于每个人身上。如果一个人不能忍受不确定性，想尽办法摆脱它，这就意味着在不断地浪费时间。转换思维，逆向去想，不要试图去完全摆脱不确定性，这是没用的，如果有用，你就不再在焦虑和烦恼中挣扎了。

既然不确定性是无法摆脱的，并且必定是我们生活的一部分，那

第五章
轻松驾驭自我：不再为不确定焦虑而困扰

么我们唯一能做的就是去容忍它，和它和平相处。

那要如何做到容忍不确定性呢？面对不确定性，我们可以采用逆向思维的方式，改变自己的行为、想法和感受，继而"假装可以容忍不确定性"，以此达到消除不确定性焦虑。需要从以下几个方面进行努力。

1. 写清单

在清单上面，写出所有让自己感觉更确定或者避免不确定性的行为。比如：①寻求别人帮助；②自己反复确认；③做决定前搜集更多资料；④经常选择拖延和逃避。写清单的好处有助于自己平时的观察：自己焦虑时正在做什么，是用什么方法来降低焦虑感的。

晚上，小李约了心仪的女孩一起看电影，为了博得对方的好感，他想买一份礼物给心仪的女孩，但是不知道该买什么？

列清单过程：给三个朋友打电话，询问送什么礼物好——在网上查资料，确定送几朵玫瑰花合适——最后确定送7朵，因为寓意是"我偷偷地爱着你！"——打电话去花店预订玫瑰花，再次确定送7朵是否合适。

2. "假装可以容忍不确定性"的行为从小事开始

想要增加成功的机会，最好是从小事开始，因为小事容易去做，并且更有可能做到。当取得小成绩后，给自己适当的奖励，让自己有更大的信心坚持下去。如果一开始就选择太困难的事情去做，成功的可能性要小很多，很有可能自己以后再也不愿去尝试。

为焦虑程度按"没有焦虑"到"极端焦虑"打分，最低0分，最高10分。按照下面的例子，把不确定性的行为按等级排列，看看自己哪些行为容易改变：

10 分——重要的工作安排别人去做，并且不检查。

8 分——孩子和朋友去玩，不打电话询问。

6 分——和朋友间的一次聚会，不参与制订计划。

4 分——给朋友发一份电子邮件，不检查。

2 分——去一家陌生的餐厅吃饭。

3. 练习容忍不确定性

有了减少或避免不确定性的行为清单后，选择一些小事来进行练习，一周至少 3 件以上。比如去一家不熟悉的餐厅吃饭或者给朋友发邮件不检查。

4. 及时记录

当你做了"好像可以容忍不确定性"的行为后，及时记录下来。记录内容可以是：做了什么→当时有什么感觉→确认比想象中的难还是简单→在"好像容忍不确定性"事物时，发生了什么事吗→结果还好吗？

记录过程中，清楚地看到对不确定性事物所做的每一步步骤，原本认为很难容忍，结果发现并没有想象中那样困难。这时，焦虑情绪得到了逐步缓解。

5. 逐步尝试更困难的事

在一般小事上能够容忍不确定性后，再去尝试更困难的事，一步步去克服不能容忍不确定性。比如有人请你为一个聚会策划方案，你尝试着不和他人商量，独立完成。

当你能够"好像可以容忍不确定性"的次数越来越多，你对不确定性就有了一定的容忍度，对不确定性的容忍度越高，越能承受生活中的不确定。安全感是自己给的，为了让自己更有能力处理不确定事物，坚持每天有意识地去容忍不确定的事，这样，容忍不确定终将成为你生活的一部分。反向去想，也正是因为这份不确定，才会造就人生更多的可能性，让我们收获更多的意外惊喜。

焦虑是对自己能力的不确定

现在几乎进入了全面焦虑时代，每个人都感到身边危机四伏，总有很多原因让人感到焦虑不安。在这个全民焦虑时代，人们的快乐情绪往往被焦虑情绪所代替。全民焦虑症既是一种个人心理疾病，也是一种社会疾病，它不仅关系到个人和家庭的幸福，而且关系到社会的安定与和谐。

2011年10月，国家人口计生委流动人口发展报告显示，流动农民工占整体农民工的47%，他们因为收入低、学历低，陌生的城市带给他们不确定的未来，太多焦虑被诱发；身居都市的普通市民，他们为子女教育、高涨的房价、职场的不稳定不停地焦虑；微博上一条条消息折射出老百姓们的日常焦虑：勾兑的酱油、有添加剂的奶粉、股票大跌、克扣工资的老板……中国真正进入"全面焦虑"时代。

例1：30岁的丁一已经是博士了，他在一线城市的一家医院里上班，即将成为副主任医师。在别人眼里，他顺风顺水，是很多人羡慕的对象。只有他自己知道，一直生活在焦虑中：经过十几年寒窗苦读，农村出身的他在一线城市工作，这里医生的工资并不算高，房价却高得吓人；升职需要发表科研论文，为此他感到压力山大；没有任何背景的他，虽然优秀，却还是单身……

逆向思维：
如何化解你内心的焦虑

例2：甜甜来自三线城市，带着梦想来到广东，大学本科毕业于一所不错的学校。最近，她的状态看上去很不好，总是懒洋洋的，对什么都提不起兴趣。即将奔三的她还没有男朋友，感觉自己压力很大：长得不好看，没有靠脸吃饭的优势；工资又不高，除了维持日常开销剩余不多；一直想存一点钱，给父母在老家买套房子，却发现心有余而力不足……由于长期焦虑，她感觉自己都有点抑郁了，每天都是无精打采，除了上班，其余时间几乎都在房间里睡觉。

例3：小月初中毕业后在一家技校读了护理专业，后来到一家三甲医院当护士。她怕自己的低学历随时被人淘汰，总是不停地逼着自己学习。不上班的时候，除了在宿舍补觉外，就去距离住处不远的一家图书馆看书，或者和男友约会，或者去培训班学一样特长。她总是不愿让自己停下来，利用所有时间，逼着自己不停地忙，累得自己没有时间思考令她焦虑的事。

很多人在别人眼里过得挺好，是否真的好只有自己知道，面对不确定的未来，一直被焦虑情绪所包围。生活在焦虑中的人们，其实应该转变思考的角度，尝试着用逆向思维的方式去看待一些问题，便会发现很多东西是我们无法改变的，比如出身、身高、经历、缺陷等，我们应该抱着平常的心态去看待这些，如果把它们当成负担，这些东西无形之中就会影响着我们的生活，也是产生焦虑的重要原因。除了无法改变的，对一些原本不确定的，也就是可以改变的，同样可以用逆向思维的方式进行分析，然后将它们彻底改变，从此不再因此而焦虑。那么，我们该如何做呢？

1. 读书

读书不能直接给我们带来经济效益，也无法一下子帮我们改变现

第五章
轻松驾驭自我:不再为不确定焦虑而困扰

状,如果每天坚持读书,却能帮助我们开阔视野。书是很多有思想的人的智慧结晶,也是一些人人生阅历的沉淀,更是很多人各种生活方式的集合,是我们通向外在世界的一条重要通道。各类书带给我们不同的帮助和启发:①励志类书让颓废的读者变得开朗自信;②自传类书让迷茫的读者走出心理困境;③工具类书让读者学会一技之长;④心理类书能有效缓解情绪问题,带给读者一些心理安全感;⑤散文类书让读者找到内心的平和与安宁……

2. 运动

每天抽出一定时间来运动,让自己拥有强健的体魄和有规律的生活。比如长期坚持舞蹈锻炼,身材更迷人,气质更优雅。当一个人拥有一项特长时,人会更自信,也因此养成一个良好的生活习惯。

3. 练习演讲

语言作为人类沟通的重要工具,如果常常训练演讲,在公众场合发表言论或者聊天时,会让自己观点饱满,出口成章,语音有色彩,能给别人留下深刻的印象,这样有助于更好的社交,也就有利于自身事业的发展。

4. 长期坚持有益的习惯

选择一样有益的习惯并长期坚持,一段时间后会显现成效。如果一个人很难坚持,就组织一些兴趣爱好相同的人一起努力,一群人在一起,常常进行学习心得交流,浓厚的学习氛围更会激起学习的兴趣,有助于成功和坚持。

通过慢慢积累,会发现自己在不断地成长,每天进步一点点,多年后会变成别人眼中的牛人。很多因不确定导致的焦虑情绪,在不知不觉中被转换了。成功没有捷径,只有不断地努力和坚持,生活才不会被焦虑所占据。如果我们被焦虑所困扰，所有不断的努力都是为了让自己不再焦虑。

做好能做的，接受不能改变的

不确定造成的焦虑情绪，会影响我们的知觉控制水平，也就是说我们能感知到"自己能够在多大程度上影响事情的结果"。不确定带给一个人的焦虑情绪越高，这个人就越不相信自己有改变结果的能力。"我无法影响事情的结果"的信念与对不确定事物的焦虑之间，是一种恶性循环。

当不确定情境造成强烈的焦虑情绪时，人们就失去理性思考的能力，不经过深思熟虑做决定，只以简单的认知结构去处理事情。这个时候，一般会做出两种本能的不良行为反应——接近和回避。

1. 接近焦虑真相

（1）通过各种方式获得确认。确认方式可能是直接询问当事人，也可能是间接从其他地方获知。比如一个人想要知道自己的另一半是否出轨，有可能直接询问对方，或者从他的手机里寻找真相；也有可能通过知情人打听消息，或者根据蛛丝马迹寻找证据。如果不确定焦虑情绪变得很强烈时，会出现反复寻求确定的行为，比如反复问对方"爱不爱自己"，或者一天查他几遍手机。

（2）通过与他人比较。一个人对一件事的结局处于不确定状态时，会反复和别人比较，希望以此获得答案。比如一个人不能确定自己的未来如何，或者不知道一件事能不能做好，或者和爱人的关系是

第五章
轻松驾驭自我：不再为不确定焦虑而困扰

否还能幸福地维持下去。每个人的能力和处事方式不同，再加上时机和其他因素，同样做一件事，一个人成功了，并不表示另一个人也能成功。与他人比较这种方法，一定程度上能解决问题，可以对焦虑起到缓解的作用。

2. 回避焦虑

（1）面对不确定的焦虑时，有些人不是想办法去处理事情，而是找各种借口拖延或回避，甚至有可能让其他人代自己做决定。预计自己可能失败时，不是积极地寻找解决办法，而是给自己寻找各种符合失败的理由，一旦失败了，赶紧为自己解脱，试图以借口来掩盖能力不足引起失败的真相。这是一种自我保护行为，为可能出现的危险进行自我设限，希望借此给自己一点可怜的自尊。

这种自我设限是一种消极行为，长期如此会对自己丧失信心，降低自我评价。这种例子身边很多：比如有人在考试前开始生病；演讲者在演讲前晚故意睡不好觉，结果第二天嗓子出现问题等，看起来是自我保护，却妨碍了自己的进步。

（2）回避的另一种行为表现是提前选择一个坏结果，从而不去努力。比如怕自己考不好，拿不到职业资格证书，就不复习、不参加考试；担心心仪的女孩不接纳自己，宁愿不表白，不开始一段关系；怕自己唱歌不好听，给别人留下坏印象，宁愿拒绝别人去KTV的邀请……没有开始，肯定就不会产生不确定的不良后果。

常规认知中，很多事情是无法回避的，如果不想办法去解决，不确定的事物依然存在。比如谁都不知道10年后的自己过着什么样的生活，谁都不知道5年后现在的朋友是不是还留在我们身边，谁都不能确定以后的生活一定比今天好……我们唯一能确定的就是一切都是

逆向思维：
如何化解你内心的焦虑

不确定的，反而是接近或回避不确定的焦虑行为，有可能加速我们不想要的结果。

如何对应不确定的未来，常规思维下显然会一直存在下去，只有运用逆向思维，把自己能够控制的状态尽量控制好，把能做好的部分尽力准备好，尽量降低不确定因素，才能降低由不确定带来的焦虑感。那么，我们在逆向思维的前提下，具体如何做呢？可以通过以下几种方法。

1. 运用"防御性悲观"认知策略

当不确定带给我们焦虑感时，不是停留在悲观绝望的层面上，这样于事无补，干脆把不确定的情境想成最坏结果，然后通过考虑、分析，对最坏结果做出相应的应对计划。预期只是一种想象，并不一定是真实的现象，当最坏结果出现时，反正已有应对方案，焦虑情绪也就相应减少。如果没有出现最坏情况，这样反而拥有一份意想不到的幸福和快乐。

2. 认真观察焦虑中的自己

焦虑是一种不积极的身体体验，当焦虑来袭，每个人都试图通过努力摆脱它，这样并不能从根源上解决焦虑问题，最好的办法是在体验焦虑时，停留在焦虑中认真体察自己的感受，通过观察和分析，最后找出焦虑背后的真正原因。很多时候，真正带给人们焦虑的并不是那个不确定的未来，而是想要逃开的一种负面感觉。

3. 把精力放在可以控制的部分上

之所以对不确定的未来充满焦虑，是因为害怕事情朝着不好的方向发展，结果越想越焦虑。焦虑不能减少未来的不确定，最好的心态是"做好我能做的，接受不能改变的"，尽量把精力放到自己能够控

第五章
轻松驾驭自我：不再为不确定焦虑而困扰

制的部分上，对于不能控制的部分就任由它发展，因为"谋事在人成事在天"是有一定道理的。

4. 制定相应的行为规则

解决焦虑的方法不是把注意力集中在让自己焦虑的事上，这样反而让自己更焦虑。改变常规思维方式，时刻提醒自己，要把注意力从焦虑中转移出来。比如对孩子的学习成绩感到焦虑，就尽量减少检查孩子的作业；如果对伴侣的忠诚度感到焦虑，尽量不去翻查对方的手机。

人生就像一口锅早已摆在那里，想要烹调出美味的食物，决定食材及制作方法是我们可以控制的，我们努力的就是自己能控制的一部分。不确定是人生常态，我们要敞开心扉坦然接受，并且要感谢生活中无数的不确定，给我们创造了一份份不确定的惊喜和快乐。

做真实的你，每个人的生活是自己的

一个人的人生和职业生涯，如果没有制订合理的计划，没有主动去把握命运的脉搏，当生活发生重大的变故时，内心就会产生很大的焦虑感。焦虑感来自不确定，当我们不确定未来将要发生什么事情时就会产生焦虑情绪，不确定的赌注越大，焦虑情绪就越强烈。

小金近来在做黄金现货延期的短线交易，因为刚开始做，始终盯着盘面，看着不断变化的价格，内心一直处在紧张焦虑状态中。当价格走势出现与自己判断相反时，更是紧张焦虑、不知所措。

我们处在一个大变革时代，周围的一切随时都有可能发生变化，

逆向思维：
如何化解你内心的焦虑

不确定因素越来越多，产生焦虑情绪也是越来越普遍。我们最关键的是要如何化解焦虑感，从逆向认识而言，也就是将"不确定"变为"确定"，将"不可控"变为"可控"，不确定因素就随之降低，确定性就随之增加。

一个人想要拥有美好的人生和满意的职业生涯，有必要结合自身优势和社会发展的趋势，提前做一个长期的计划。在实施大计划时，可以把大计划分解成很多个小计划，然后以时间为节点，在某个时间段要求自己达到何种程度，这样就成了一个可以量化的计划。当外界可能发生什么变故时，提前制订好应对方案；如果发现自己走错了，又设计好如何去调整的方案……

每个人的明天都是不确定的，没有人能知道明天会发生什么，但是可以提早做准备，尽量避免不确定性带来的不良后果。如果我们有了应对不确定的方案，发现一些不确定能够转化成确定，一些不可控的期望变成可控的计划时，内心的焦虑感会明显降低很多。

一段时间下来，因为小金始终处在紧张焦虑的状态中，整个人的精神越来越差。他意识到，如果长期这样下去，必定对自己的身心造成很大的伤害，他觉得有必要调整自己的心态和行事方案。

深思熟虑后，他改变行事方案。在交易前，开始做交易计划：确定自己为什么要做多或者做空，选择正确的时机买入或者卖出，第一次开仓投入多少资金，什么时候适合加仓，什么时候适合减仓，并且设置好止盈线和止损线。这些关键要素他都在交易前设计好，不管交易过程中发生什么变化，小金都按着自己的计划一步步往下走。当他把一些"不确定"变为"确定"，把一些"不可控"变成"可控"后，焦虑明显减少。他还常常如此安慰自己："我只能做好我能控制

第五章
轻松驾驭自我：不再为不确定焦虑而困扰

的，我控制不了的就交给命运。"

心态好了，焦虑少了，交易的成功率反而高了。

规划要切合实际，如果远远超出自身能力，就会大大增加不确定性，这样很难达到预期目的，一旦达不到预期目的，不但让自己更加焦虑，而且让自己丧失信心，以后再没有尝试的勇气，更会降低对不确定的容忍度。

每个人的性格行为、知识储备、处事能力都不尽相同，家庭、社交、学历、爱好等也各有不同，每个人有每个人的优势，也都各自有自己的短板。懂得逆向思维的人，都知道生活是自己的，一定要设计符合自己的人生规划，不要和别人去比较。别人成功的案例不一定适合你，因为天时地利人和都不同，即使这些因素都一样，自身能力也存在差异。找到自身特点，结合自身优势，尽力让"不确定"变为"确定"，这样焦虑就会大大减少，才有可能获得更多的成功。

第六章

改变认知行为：平复焦虑其实并不难

引起人们焦虑的往往不是事物本身，而是对事物不合理的认知。不合理的认知引出不合理的行动，不合理的行动导致产生负面情绪。信念决定态度，态度决定行动，行动决定结果，学会识别不合理的认知并努力矫正它，通过改变不合理的认知方式，来改变自己的感受，培养出积极健康的情感体验。

逆向思维：
如何化解你内心的焦虑

了解认知行为及认知治疗

美国心理学家贝克曾经说过："适应不良的行为与情绪，都源于适应不良的认知。"所谓认知，是指一个人通过心理活动（如形成概念、知觉、判断或想象）获取知识，同时也指人认识外界事物的过程，或者说人的感觉器官对外界事物进行信息加工的过程，包括知觉、记忆、思维等一系列心理现象。习惯上将认知与情感、意志相对应。

同一件事情，不同的人有不同的认知，正面的认知产生积极的结果，负面的认知产生消极的结果。因为不合理的认知，导致一些人患上严重的心理疾病。美国的贝克根据这一现象，在20世纪60年代发展出一种有结构、短程、认知取向的心理治疗方法，即认知行为治疗，它主要针对抑郁症、焦虑症、强迫症、神经性厌食等在不合理的认知情况下导致的心理问题。

人的情绪并非来自事情本身，而是由人们对所遭遇的事情的信念、评价、解释或哲学观点所决定。所以认知行为的治疗并不是针对行为和情绪的外在表现，而是通过分析病人的思维活动，找出病人错误的认知行为，策划纠正认知的应对方案，从而改变他们的心理问题。

第六章
改变认知行为：平复焦虑其实并不难

认知行为治疗有个"ABC 理论"：A（Activating Events）指与情感有关系的事件；B（Beliefs）指理性或非理性的信念或想法；C（Consequences）指与事件有关产生的情感反应结果和行为反应。通常我们认为，引起 C 反应的原因是 A。其实并非如此，之所以由 A 产生 B，是因为 B 的介入，对某件事件产生什么反应是由认知态度和信念决定的。

午休时，同事小强在网页上看到一个关于推销梳子的笑话，觉得很好笑，随口说了出来：一天，梳子店的伙计在门口招揽生意，不断往店里拉顾客。当他向一位路人殷勤地介绍梳子时，路人不屑一顾甩手要走，伙计还是跟在他后面喋喋不休。路人突然怒了，朝着伙计大吼一声："非要我摘下发套，让别人都知道我秃顶，你才不烦我吗？"

说完，办公室的很多同事都笑了，只有倪真例外。倪真今年四十岁，半年前得了乳腺癌，还好是中期，不过在放疗化疗的治疗过程中，头发越来越少。后来，她干脆把头发都剪了，去商场买了个假发套戴在头上，同事们都知道这件事。

倪真想："是不是我什么地方得罪了小强？不然他为什么不讲别的笑话，偏偏讲这个，不是明摆着在同事面前取笑我吗？同事们都哈哈大笑，是不是都在幸灾乐祸？我现在身体不好，领导为了照顾我，给我减少了很多活儿，是不是借着这个理由，把我的活儿慢慢转移到其他同事那里，然后借此把我辞退呢？我前期治病已经花了很多钱，继续吃药还要不少钱，如果失去这份工作，我该怎么办？如果被辞退了，我天天待在家里，不就成了一个真正的废物吗？丈夫对我这个只会花钱、不会挣钱的妻子，又会怎么看呢？"

倪真越想越可怕，那天后，她觉得所有的同事都不喜欢她，都在

逆向思维：
如何化解你内心的焦虑

排挤她，内心焦虑不安，心情差到了极点，做什么事都没有信心。每天她到办公室，只要有几个同事在低声聊天，她就想："他们是不是在说我啊，我是不是马上就要被辞退了？"

上面的例子中，讲笑话是事件 A，引起倪真情感反应结果和行为反应 C 的原因，是她非理性的信念或想法 B。

事件 A 本身并没有对错，有的同事听了觉得很有趣，产生了愉快的反应；有的同事听了没有什么感觉，就没有产生情绪；倪真认为小强和同事们都在取笑她，从而产生了负面情绪，导致内心焦虑不安。因为每个人对事件 A 的认知评估不同，导致 B 对 C 产生不同的反应，也就证明了对一个人的情绪反应或行为起着重要影响的是对事物的认知评估或信念。

不同心理疾病的人，对事物的认知和歪曲也是不一样的。焦虑症者总是过度夸大危险，对事物做出灾难性的想象，认知的内容一般都是围绕着身体、心理或社会的危险，比如怕出意外、怕犯错误、怕别人负面评价、怕生病和死亡等，对现实中的问题多是强调不利因素，忽视有利因素。

焦虑症者常见的认知歪曲有以下几点。

(1) 没有根据地武断猜测。比如因为一次考试没考好，便推想老师和同学都看不起自己。

(2) 不管事情起因背景等因素，以一个细节或一时的表现得出事情的最后结论。比如考试时有一道题目做不出，就觉得这次考试失败了。

(3) 看事情片面化，给自己乱贴标签。比如一次考试没考好，觉得自己不是读书的料。

第六章
改变认知行为：平复焦虑其实并不难

（4）非黑即白的想法，不是好就是坏，要求自己十全十美。比如一次考试没有达到理想状态，就觉得自己是个没用的人，一切都完了。

危险的核心信念在认知错误和自我感觉中起着重要作用，因为出现认知错误，焦虑症者总认为外界对自己威胁很大，常常低估自己的能力，总觉得没有信心和能力对付外界的风险，因此引起危险的自动思维，从而让自己更焦虑。

如果焦虑症者想要通过合适的方法缓解自己的焦虑，先要转换思维方式，以逆向思维的方式，去看待一些问题。

（1）从认知行为治疗的 ABC 理论中可以看出，一个人的情绪并非由事情本身决定，同一件事从不同认知角度去看会有不同结果：①消极的看法：坏事情带来不好的心情；②积极的看法：坏事情是一次成长或积累经验的好机会。

（2）自动思维或者错误的认知方式来自深层的核心信念，核心信念的形成一般和早年经历有关，影响着人们的思维和行为，这种影响一般潜伏在人的意识中，不容易被轻易察觉到，一旦遇到类似的事件便会触发核心信念。当人表现出负面思维时，人便会逐步失去理性判断的能力，最终彻底印证了核心信念。

（3）认知行为治疗时，不但要改变自动思维，而且还要从改变信念入手，放弃不合理的认知。患者要先识别不合理的认知，再用行动替代不合理认知。认知行为治疗的基本过程是：寻找不良认知→改变不良认知→新的认知模式→情绪和行为的好转→社会适应能力增强。

认知行为治疗是帮助有心理疾病的人重新构建认知结构，让他们对自己有一个新的评价，更改自认为"不好"的认知，对自己重拾信心，从而通过改变认知来解决心理问题。

想法并不等于事实

认知行为疗法是以认知模型为理论基础。何为认知模型？认知模型又称3M认知模型，是人类对真实世界进行认知的过程模型。该模型认为，人们的情感、行为和生理反应主要由情境或事件的自我认知所决定：情境/事件→自动思维（评价、预测、调整等）→反应或行为（情绪、行为、生理变化）。

阿达与女朋友分手后，脑海中经常浮现出女朋友漂亮的脸庞（情境/事件）→从此，再也没有机会见到她了（自动思维）→悲伤（情绪）→把自己关在房间里，不想出门（行为）→心悸（情绪、行为、生理变化）

自动思维常常是在事情发生的一刹那间迅速完成，很难被察觉到。当自己有所知觉时，已经随着某事件而产生了情感和行为，因为自动思维产生过程的快速而简单，这个过程常被人忽视，以为是事件本身导致了情绪和行为的产生。虽然有时对自动思维有所察觉，但是很容易把这想法当成事实。

察觉自动思维是认知行为治疗的关键，因为很多人习惯对发生在自己身上的事件作一些自我评价，经过无数次的同样思维，这已经成为一个人的主要思维模式。因为同种思维模式在脑子里存在太长时间，常常被人们误认为是现实而不是想法。当发现自己已形成固有思

第六章
改变认知行为：平复焦虑其实并不难

维模式时，要引起重视，时刻提醒自己，多观察自己的想法，尽量多审视自己的思维，这样有助于充分认知自我。

自动思维是浅表的反应，是所处的情境或事件中自然流露出的一种现实想象，从而产生不同的情绪、行为和生理反应。自动思维没有好坏，只有适应和非适应，非适应就是歪曲的思维或错误的思维。我们要修正的是产生非适应的自动思维。因为自动思维产生的时间快速又简短，不容易被捕捉到，所以只能将着重点关注在负面情绪的变化上。

生活中每天都会发生不同的情境，那么，我们该特别关注哪些情境呢？

（1）开始感到焦虑不安，并且在不停地思考与这个情境有关的问题。

（2）做出一系列想要逃避与这情境有关的行为。

（3）身体上出现一些焦虑症状，比如坐立不安、尿频尿急、走来走去、烦闷忧郁等。

这个时候，你要通过逆向思维，及时提醒自己："我刚刚不停地思考是为了什么？"努力抓住转瞬即逝的自动思维。这种第一反应到底是怎么形成的？为什么有些不自主思维反复出现？

这样就说到了核心信念和中间信念。中间信念是规则、态度和假设，日常生活中，我们常常把中间信念当成指导原则。而更深层的就是核心信念，这通常被一个人认为是真理。

这些非适应自动思维看似是对具体情境的反应和评价，其实背后有着更深层次的思维，这才是导致心理问题的根本原因。很多人对世界和自我的认知，是从童年时期形成的，我们称它为核心信念。如果

逆向思维：
如何化解你内心的焦虑

把思维比作一座大楼，从小对外界和自我形成的看法，就是大楼的骨架，是一个人根深蒂固的认识和标准。核心信念也有适应和适应不良之分，不良核心信念深藏在一个人体内，随时有可能被激活。

人类在进化过程中，逐步形成一套独特的认知模式，在新的情境中，大脑会自动搜索曾经有过相同情境的因素，以便能搜索出更好解决问题的方法。这种思考的连续性和选择性，会不断支持已经形成的核心信念。

比如阿达的核心信念是"我没有能力"，当他失恋时，意识便会把这个情境吸收进核心信念中，以此来支持巩固他"我没有能力"的信念。如果近期他解决了工作中的一个难题，这个情境不符合他的核心信念，他的自动思维就进行自我贬损："这个问题不是很难，如果再难一点，我肯定解决不了。"这样一想，有能力都变成了"没有能力"。

如果一个人不懂认知行为疗法，就很难发现在头脑中存在了很久的核心错误，对核心信念矫正越早，越能尽快解决心理问题。

链接自动思维与核心信念之间的是中间信念，自动思维是对情境的判断，核心信念是对自我和这个世界的认知看法，中间信念是为了适应核心信念的判断衍生而来，主要包括态度、规则和假设。

比如上面的例子：态度——失恋很可怕；规则——失去我爱的人，我的人生将毫无意义；假设——如果失去她，我这辈子再也遇不到这样好的爱人了。

结果决定于行为，行为决定于态度，态度决定于信念。态度和规则都有可能形成假设，当用假设的形式表示中间信念，更有利于推导出一个人的核心信念。

第六章
改变认知行为：平复焦虑其实并不难

想法不是现实，不管这个想法多么合理和真切，在矫正心理之前，一定要搞清想法和现实的区别。逆向去认识，很多时候，多种核心思维产生不同的问题，会同时反复出现，可能会产生一些连锁反应。这时不要急，根据自己的情绪变化，来判断自动思维的形成原因，深入挖掘根源，从矫正核心信念开始，再去改变行动，从而找到解决焦虑问题的根源。

及时纠正错误的认知方式

核心信念是人们对自我和整个世界最本质的认知，认知行为治疗焦虑的关键是矫正核心信念。很多人的核心信念是在童年期形成的，并一直留存至今。一般情况下，我们都认为自己的核心信念是正确的。当然，大多数人大多数时候的核心信念是现实和积极的，当人陷入焦虑之中时，负面的核心信念就会被激活，通过自动思维，做出相应的负面行为和负面反应。想要减少负面核心信念带来的焦虑情绪，就要尽快调整适应不良的认知方式。

认知行为治疗将负面核心信念大致分成三类：无能力类、不可爱类、无价值类。

1. 无能力类核心信念

无能力类主要体现在完成某些任务方面、保护自我方面、成就方面等。比如"我没有能力胜任""我是个失败者""我比不上别人""我没有力量""我做不到""我不论做什么都失败""我不可能会成功的""我就是一个可怜的人"，等等。

2. 不可爱类核心信念

不可爱类主要认为自己不可爱、不被人喜欢、不被人接纳、没有吸引力、自身有缺陷等。比如"没有人会喜欢我""我知道会被拒绝""没人爱我""我没有一点吸引力""我只是一个多余的人""我只有孤独和寂寞""没有人会接纳有缺陷的我",等等。

3. 无价值类核心信念

无价值类主要认为自己不够好、没有用、没有价值、对别人没有帮助、感觉一无是处等。比如"我是一个废物""我是一个没用的人""我是一个不道德的人""我很坏""我毫无价值""我不配被人爱",等等。

当一个人在特定的情境下,产生非适应自动思维时,就要立即提醒自己,看看背后有没有被激活的不良核心信念,如果有就要具体分析出是哪一类。

例1:阿康向喜欢的女孩表白失败(情境)→他想:"我知道没有人会喜欢我"(不可爱类核心信念被激活)。

例2:阿康向喜欢的女孩表白失败(情境)→他想:"不同意就不同意,我一定会遇见更好的。"(不可爱类核心信念没有被激活)。

很多时候,从表面看是一种核心信念导致自动思维,经过仔细分析,有可能是另一种核心信念所导致,更有可能是多种核心信念导致多种自动思维。

小美去参加一个聚会,当她发表观点时,发现大家各自忙着自己的事,没有人认真听她说。她想:"肯定是我说得不够好,所以没有人愿意听。"

表面上看起来,没人听小美说话应该是激活她"不可爱类核心

第六章
改变认知行为：平复焦虑其实并不难

信念",从她的想法看,事实上她被激活的是"无能力类核心信念"。认知行为模式并不是单一的,很多时候是错综复杂的,有可能多种不适应核心信念被一起激活。虽然看起来辨别有些难,但是只要静下来分析,还是能找出真正被激活的核心信念。

核心信念既然在认知疗法中起着这么重要的作用,我们要如何通过核心信念来矫正认知呢？可以借助逆向思维,从以下几方面入手。

1. 找出错误核心信念并替代它

找出不适应核心信念,设计一条功能良好的信念来代替它。比如错误的核心信念"我是最差的",用"虽然目前我比较差,但是我在努力,通过努力我相信一定会变好"。在矫正核心信念时,要注意两点：①不时提醒自己,原来的核心信念是错误的,以此减弱原有信念；②强化新的核心信念。

2. 寻找优势,巩固新的信念

持有不适应核心信念的人,总是记住自己的劣势,忽视自己的优势,导致自我价值感低下。为了让新的核心信念发挥作用,要多寻找自身的优势资源,让自己更有自信。如果一时发现不了自己的优势,可以记录下一天中自己最开心或高兴的事,不管事情大小,一定要记录下来,一定会发现自己的优势。

还可以用新的信念去看待自己的经历,比如把错误信念"我是个不受欢迎的人"换成"我并不是常常不受欢迎"时,在生活中找一些证据来证明新的信念是正确的。比如同事们在一起说话,你主动参与了话题,并没有发生想象中难堪的事。把这些也记录下来,有空时拿出来看看,新的信念会被慢慢巩固。

3. 矫正负面核心信念

矫正负面核心信念的方法有很多种：①通过苏格拉底式提问，发现自己想法中的自相矛盾；②对比法：比如认为自己是最不受欢迎的人，找一个现实中你认为最不受别人欢迎的人来比较，以此发现自己并不是最不受欢迎；③用行动证明负面信念：比如总觉得自己一无是处，如果愿意帮助别人，总会找到机会，哪怕是给一个陌生人指路，也证明自己并不是一无是处；④不断用行动去验证新的信念：比如用"我并不是常常不受欢迎"替换成旧信念"我是个不受欢迎的人"时，记录下和别人关系融洽的时刻；⑤假设：想象你的一个朋友持有你的错误信念，他来向你请教该怎么办，你给出的建议就是你要努力的方向。

4. 表格记录

把表格分成左右两半，左边写上新的信念，下面记录生活中能证明新信念的任何事情；右边写上原来的信念，下面用转折的方法指出原来信念的片面化错误。比如原来的信念是"我没有能力"，转折方法记录"但是我能生活自理""但是我能独立完成工作""但是一般情况下，我也不需要别人帮忙"，等等。

提高认知水平，平复焦虑情绪

美国著名社会心理学家亚伯拉罕·马斯洛曾经说："神经症并不是情绪上的疾病，而是认知上的错误。"认知行为疗法的鼻祖艾伯特·埃利斯也曾经说："你在很大程度上感受的是你的思想，如果你

第六章
改变认知行为：平复焦虑其实并不难

能改变思想，你就可以改变感受。"两位著名的心理学家说的话有着异曲同工之妙。

如果通过逆向思维去看待，就会发现不良的情绪和行为反应，是由不合理的认知和核心信念引起的，认知在不良行为产生过程中确实有着极其重要的地位。一个情境引发人的行为和情感，是由认知作为中介，当认知出现错误时，就会产生不合理的行为和情感，从逆向去认识，也就是说当错误的认知得到矫正，心理障碍就有希望好转。

正常人能区别主观与客观、假设与现实，焦虑症者却把任何风吹草动都看成是危险的信号，在进行一连串假设时，很少对假设进行现实的验证。即使有的人进行验证，也只接受与自己观点一致的部分，往往导致认知评估与现实存在很大的差距。

认知疗法的目的是改变焦虑症者对焦虑事件的认知偏见，不要过分夸大后果，从实际出发，面对问题时，不要过多强调不利因素，这样只会让自己更焦虑。进行认知疗法，只有坚持以下五条原则，治疗才有显著疗效。

1. 学会辨别自动思维中的适应不良性认知

比如一位年轻的妈妈觉得"我的孩子学习成绩这么差，是一个最差的人"。事情起因是她的孩子学习成绩很差，这事让她焦虑不安，觉得自己的孩子是一个最差的人。

每个人都有自己的长处，也有自己的短处，一个读书成绩不好的人，并不代表什么都不好，这个母亲之所以产生焦虑，是因为出现一概而论的错误认知。对一个孩子来说，健康成长最重要，这里的健康包括生理上和心理上。

2. 用相反的证据来反驳自己的不良性认知

这位母亲可以暂时抛开孩子读书不好的事实，留意孩子平时的行为，忽视他的缺点，而是把他的优点记录下来。比如他今天帮自己做了家务，帮邻居家看小孩，为一只迷路的小狗找到主人等，通过记录，会发现自己的孩子有很多优点，并不是一个最差的人。

3. 重新归因

重新调整自己的认知，思考孩子成绩不好的原因。比如"孩子成绩不好，我从来没有耐心辅导过他，如果我以后好好辅导他，孩子的成绩就会得到提升"；"我要改变自己，我以前常常责骂他，以后要懂得和他沟通"；"孩子成绩不好并不是智商问题，只是不肯努力"。

4. 学会控制思考的时间

不要总是让自己沉浸在焦虑的事件中，学会控制思考的内容，也要学会控制思考的时间。

5. 检验自己的假设

是不是因为成绩差，孩子就是最差的一个呢？通过比较，这位母亲发现自己的孩子动手能力比其他孩子强。可见，孩子只是某方面比较弱，并不是什么都是最差，从而得出母亲认知错误的证据。

出现认知错误说明一个人的认知水平不够好，如果通过训练，认知水平得到提高，出现错误认知的概率就会大大下降，不合理情绪也会随之减少，焦虑也就能得到有效改善。那么，如何才能提高认知水平呢？

1. 多实践

实践出真知，经历更多的事能够提高自己的心智水平和处事能

第六章
改变认知行为：平复焦虑其实并不难

力。很多时候，现实和想象存在很大差距，有的事想着难，做起来并不困难；有的事想着简单，操作起来难度很大。多经历一些事情，对事物才有一定的客观认知，通过客观规律形成自己的认知体系后，就会降低适应不良认知的概率。

2. 多思考多分析

当被焦虑困扰时，要从各方面进行更多的思考和分析。平时多做记录，把经历过的经验记录下来，分析有哪些相同点和哪些不同点，有哪些值得借鉴。记忆是个自动搜索库，当类似的情境出现时，会自动搜索记忆库里的解决办法，经验越多，处理事情的方法也就越多。

3. 认识到自身的局限性

每个人的认知都会存在差异，认识到自身的局限性，和别人多交流。同一件事，可以听听不同人的认知。每个人总认为自己的核心信念是正确的，其实并非如此，要对自己抱着怀疑的态度，通过聆听别人的分析，获得更全面更正确的认知。发现自己的认知是错误的，就要想办法矫正过来，不要一意孤行。通过这个方法，也能形成自己新的认知体系，从而更健康地认识这个世界。

快乐是一剂良药

"我好累啊，感觉心里非常郁闷。"

"为什么她有那么好的命运，生下来就拥有一切，而我却要努力工作，好烦啊。"

"那款手机真漂亮，想买，可是我没有那么多钱，可怜的工资还

逆向思维：
如何化解你内心的焦虑

得留着生活，真是郁闷。"

有些人，不管生活里遇到什么事情，稍微有点不如意就会感到焦虑，张口闭口喊着"郁闷"，总是陷在焦虑的情绪里，无法自拔。

郁闷是焦虑的表现形式，是一种非常消极的情绪，如果不及时排除，你就会变得更加烦躁，心情越来越差，看任何事都不顺眼，整个人显得非常悲观。

我们要学会控制自己的坏情绪，不管是外在的原因，还是自身的原因，想办法让自己快乐起来，少一些郁闷，让焦虑离自己远一点，放松自己的心情。

亚晴才入职不久，是一位新手，不熟悉公司的事务。她的上司又是一个脾气暴躁的人，几乎每天都会骂她，经常把她骂哭。

上司骂她的理由有很多，她实在受不了，非常生气。

她是家里的独生女，从小乖巧懂事，被父母疼爱，从小到大父母都没有骂过她，没想到工作后被上司骂。

每次她拿着策划书到上司面前，都会得到同样的话："这个烂东西也叫策划？是你写的吗？你也好意思拿给我看？逻辑思维和表达能力都不如小学生！"

亚晴只能被动地接受着上司的斥骂，不能还口。慢慢地，她不想上班。她不停地问自己："我真的很差吗？为什么上司看不上我的作品，总是骂我呢？我应该没有那么差吧，我真的倒霉，怎么跟这样的上司工作。"

有一天，亚晴遇到大学时的学长，他现在从事新闻工作。看着成熟稳重的学长，她不由自主地诉说起自己的烦恼。

听完学妹的烦恼，学长笑着说："其实，新人刚入行遇到这种事

第六章
改变认知行为:平复焦虑其实并不难

情很正常,我刚入行的时候,每天晚上熬夜写稿件,第二天上班还是被领导骂,稿件也被撕成碎片,让我重写。现在想一想,那段痛苦的时光我也熬过来了,才有了今天的收获。"

学长看看苦恼的学妹,建议道:"下次再遇到这样的事情,你就把上司的话当成一种教育,如果这样还不能消除你的怨气,你就想象一下你的薪金,拿到薪水肯定要付出代价,在哪里工作都是这样。"

学长又教了些职场上的生存技巧,亚晴内心的郁闷消散了很多,上班时候对待上司的态度有了很大的转变。

亚晴把工作当成锻炼自己意志的地方,拿到薪水可以买自己心仪的东西,心情就变得快乐起来。对待势利的人也一笑置之,安心做着自己的本职工作。

郁闷的结果就是焦虑,控制不住自己的坏情绪,就无法享受生命中的快乐,给自己的心灵判了无期徒刑,让它在痛苦中挣扎。就算遇到快乐的事情,焦虑的坏情绪也会给你的热情降温,让你再次陷入痛苦中。

焦虑是一种慢性毒药,如果你一直抱着不愿意放手,这种坏情绪就会越来越强,最后控制你的精神和行为,让你越来越崩溃,对一切事情都没有兴趣。

那么,我们该如何驱散焦虑情绪,让自己快乐起来呢?

1. 看搞笑的电影或者综艺节目

当你陷入焦虑中无法自拔的时候,可以看些搞笑的电影或者快乐的综艺节目,不去想难过的事情,跟着剧情或节目哈哈大笑,让自己从焦虑的情绪里抽离。当你沉浸在快乐的影像里时,心里的焦虑就会逐渐散去。

2. 情绪低落时，积极地寻求帮助

多关注自己的情绪，判断自己内心真正的需求，检查自己的情绪是否稳定，心情是不是愉悦。

如果感觉自己这段时间的情绪非常不稳定，经常会为一些小事感到焦虑，总是感到不快乐，就要考虑寻求别人的帮助，调理自己的情绪。

3. 多做运动，参加娱乐活动

当你感觉到心里郁闷，行动有些焦虑时，可以出去跑跑步、爬爬山，找朋友打球，你的焦虑情绪就会随着汗水挥发出去。

你还可以约上几个朋友去卡拉OK厅里唱歌，美妙的音乐可以带你进入另一个快乐的世界。不管你唱得好听还是不好听，放开嗓子喊，把你的坏情绪发泄出来，只留快乐伴着你。

一切都是最好的安排

"森田疗法"又叫禅疗法、自然疗法，是日本东京慈惠会医科大学森田正马教授创立的。森田疗法的基本治疗原则是"顺其自然，为所当为"。顺其自然就是接受和服从事物运行的客观法则，借此提醒焦虑症者不要对现实中的威胁持有偏见，不夸大事情后果，不强调问题的不利因素，以客观眼光看待问题。

现实生活中，很多人对"顺其自然"没有准确的理解，把"顺其自然"理解成"任其自然"，一字之差，两者之间却有着天壤之别。"任其自然"是对问题采取放任态度，不加控制，如焦虑者任其

第六章
改变认知行为：平复焦虑其实并不难

焦虑，痛苦者任其痛苦。我们理解的"顺其自然"并非如此，关键是"自然"两字，意思就是要遵循自然规律。

何为自然规律？比如春天种子发芽，秋天大树落叶，晚上月亮升起来，傍晚太阳落下去，天气会晴会雨，这些都是自然规律，不是人为能控制的。一个人如果能遵循自然规律，就能获得很多快乐，如果违背自然规律，就会徒增不少烦恼。比如一个人讨厌下雨，看见下雨就烦，他就会常常陷入无谓的焦虑中。因为天下雨是没人能改变的自然规律，这种痛苦没人有能力帮他消除。

人本身也存在一定的自然规律，比如情绪是我们身体的一部分，不是我们能控制的。情绪从产生到消退，它本身有一套自行运转的程序，如果我们遵循它的规律，它会自动走完这个程序，如果横加阻挠或强制压抑，只会适得其反。

例1：明天就要进行期末考试，大维感到紧张焦虑，担心自己考不好。他觉得数学是自己的弱项，晚饭后，他打开数学课本，开始熟记一些不熟悉的公式和定律。临睡前，他对自己说："我要放松心情，好好睡一觉，这样对明天的考试有好处。放松，放松，再放松。"在不断自我暗示中，他很放松地睡着了。

例2：明天就要进行期末考试了，大维感到紧张焦虑，担心自己考不好。他觉得数学是自己的弱项，晚饭后，他打开数学课本，发现很多的公式和定律自己没有记住。他想："这么多内容没记住，明天肯定考不好。如果考不好，同学们一定会笑话我，我该怎么办？"

他越想越焦虑，越想越烦躁，捧着书，一点都看不下去。到了睡觉时间，躺在床上，满脑子想的都是没考好的结果。后来迷迷糊糊睡着了，但一整夜做着噩梦。大维天还没亮就醒了，感觉自己好累。他

逆向思维：
如何化解你内心的焦虑

想："这下真的完了，这次肯定要考砸了。"

考试前产生紧张焦虑的情绪是很正常的心理反应，如果不去特别关注它，安心复习，焦虑情绪会自动消失；越不想焦虑，反而更焦虑，这是因为没有遵循情绪本身"静则自消"的规律。

同样的情况，一个性格内向有社交焦虑的人，在陌生人面前自然会产生紧张和焦虑的心理反应，如果非要掩饰自己的情绪，结果只会让自己越来越紧张，因为这违背了性格内向的人在陌生人面前的自然规律。

为了让森田疗法产生治疗效果，就要把"顺其自然"和"为所当为"结合起来。当我们认识到情绪有一套自我消失的过程时，就要把注意力转移到客观现实中去，该干吗就干吗。

一开始，焦虑情绪会纠缠你，不想让你安静下来，这时不要逼着自己赶走焦虑，也不要逼着自己全身心地投入到工作中去。而是找一些简单的工作先干起来，这些工作即使注意力不集中也不会受到太大影响，在放松的状态下让自己先开始工作。行动能改变情绪，当你开始工作时，会逐渐进入工作状态，而焦虑情绪开始自行运转它的一套程序。

懂得逆向思维的人，都知道当出现焦虑情绪时，不去强求改变，人的情感有其变化的规律，越去关注它，情绪就会越强烈；越不予理睬，反而会自动消退。森田认知疗法就是提倡遵循自然规律，接受情感自动变化，不压抑，不排斥，培养积极健康的情感体验。

那么，如何运用森田疗法进行自我调整呢？首先需要我们改变思维方式，以逆向思维的方式看待出现的问题，然后再结合以下几种方法进行调整。

第六章
改变认知行为：平复焦虑其实并不难

1. 遵循自然规律

一个人被焦虑情绪包围时，想要克制情绪的愿望越大，内心冲突越大，这是把自己残酷地推向更深层次的焦虑中。逆向去想，发现自己被焦虑情绪所困时，要有既来之则安之的心态，用平常心去应对它。就像天气一样，不管我们是不喜欢下雨，还是不喜欢晴天，我们都无法改变。很多事情不是我们努力就能改变的，面对现实，接受现状，做自己该做的事，不把情绪当一回事。

2. 直面痛苦，解决问题

当一件事让我们产生焦虑情绪时，要有直面痛苦的信心。一定要记住，只有解决问题才是消除焦虑的根本途径，不要试图去逃避，逃避只会带来更多的问题。很多焦虑的根源是童年时经历的苦难，很多人不愿去直视，不想让自己重新经历那种痛苦。只有把根拔掉后，才能解决根本问题，不然只是治标不治本。一味想着逃避的人，无法适应现实生活，只有解决了内在问题，才有更好的精神面貌去对待生活，才能找到真正的自我。

3. 不做情绪的奴隶

正常情况下，情绪不能改变行动，行动却能改变情绪。这也是森田疗法主张的一种生活态度，人应该抛弃情绪为准则，而以行动为准则。不要做情绪的奴隶，即使在情绪不好时，也要继续做事，因为唯有行动和成果才能成就一个人的价值。

4. 行动才是成功的保障

成功的人不是因为看到了成功才去坚持，而是因为坚持了才获得成功。自信在成事中很重要，一个没有自信的人往往一事无成，而一个人如果要等有自信后才去做事，那也会一事无成。行动是成功的保障，也是树立信心的重要因素，一旦确立目标后，就要朝着目标去努力。在不断的行动中，一个个难题被克服，一个个目标被完成，自信心就会不断增强。这样，一个人的内心越来越强大，一个人的处事能力也越来越强大，强大的内心和强大的处事能力，是负面情绪的最大克星。

5. 拥有充实的生活

是否拥有充实的生活，对一个人来说至关重要，充实能提升一个人的生活水平，当一个人拥有高质量的生活水平时，必定拥有积极的情绪和积极的行动，从而形成积极的良性循环。

反向去想，一切都是最好的安排，做到顺其自然，正视消极体验，坦然接受各种负面情绪的出现，把注意力集中到应该要做的事情上去。这样，焦虑症者心里的动机冲突被排除了，焦虑情绪也就减轻了。为了不让自己再受焦虑之苦，请遵循森田疗法"顺其自然、为所当为"的治疗原则，努力改变能改变的，坦然接纳生活中不能改变的，这样你会发现一个很轻松的自己。

正确的想法引导正确的行动

一个人，如果愿意不断理性地用"新证据"来修正心里的规则，思考则会更有效率，也会更接近现实，这样的人会是一个更有弹性的人，他的思考、行动和情绪也会更健康。

古希腊著名的哲学家苏格拉底，他常说这句话："我只知道一件事，就是我一无所知。"他认为人的智慧不是来自外界的给予，而是

第六章
改变认知行为：平复焦虑其实并不难

来自内心的理性，依据人的理性，获得正确的知识和见解，也就是说，只有正确的想法才能引导正确的行动。逆向去想，一个人如果与自己的理性背道而驰，就会产生错误的想法，以此引出错误的行动，从而产生焦虑情绪。

苏格拉底常常扮演一个"一无所知"的人，通过不断向他的学生提问，在一问一答中，促使对方用自身的"理性"做出正确的回答，这就是苏格拉底式对话认知行为治疗的起源。美国认知治疗学派大师 A. T. Beck 借助于苏格拉底这种非教导的论证式对话，发展出一个治疗技术称为"苏格拉底式对话"的认知行为疗法，就是与焦虑者对话过程中，获得确切的核心信念，继而修正或改变焦虑者的错误认知，从而帮助焦虑者建立起一个准确的思考模式。

"苏格拉底式对话"疗法主要分为三个步骤。

第一步：定义与澄清语意

"苏格拉底式对话"疗法第一步就是厘清焦虑症者使用的语意。平时我们会很笼统或模糊地用一个词语来描述一个概念或一种感觉，有时这与准确的核心信念会有很大的差异。如果核心信念不准确，也就抓不住解决问题的关键。展开"苏格拉底式对话"主要是通过一问一答的方式，从对话中找到患者的问题症结，最后让他发现自己话语中的矛盾，从而推出原有的核心信念是错误的。

情境：阿斌和女朋友已有一段时间没有进行互动，他担心女朋友要和他分手，这些日子坐立不安、紧张焦虑，已经开始失眠。

治疗师：你知道自己为什么心情不好吗？

阿斌：我知道。

治疗师：能说说吗？

阿斌：因为我感觉女朋友近来怪怪的。

治疗师：她哪些地方怪怪的？

阿斌：对我的态度。

治疗师：你说的怪怪的具体指哪方面，是行动、打扮或者情绪表情？

阿斌：是行动。

治疗师：她做了什么怪怪的行动，让你产生焦虑情绪？

阿斌：我们近来一直没有互动，包括电话联系。

治疗师：还有其他行为吗？

阿斌：主要是打电话，以前她差不多每隔两天就给我打一个电话。

通过对话聊天，厘清了阿斌所说的"女朋友怪怪的"，原来是指"最近没有给我打电话"，澄清了阿斌的语意。

第二步：找出思考规则

每个人内在存在很多思考规则，当遇到某个情境刺激时，这些隐藏的思考规则就会对情境做出预测和判断，无意识中这个思考规则也决定了个体的想法和行动。

阿斌在女朋友近来不和他互动的时候，用什么思考规则来解读这个信息呢，这个信息给了他什么感受，又决定他什么行动呢？继续"苏格拉底式对话"，来找出他的思考规则。

治疗师：你产生焦虑的原因，就是因为女朋友没有像以前那样给你打电话？

阿斌：是的。

治疗师：为什么她不给你打电话，你就心情不好，产生焦虑呢？

第六章
改变认知行为：平复焦虑其实并不难

阿斌：嗯……嗯……（支支吾吾不肯说）

治疗师：平时她一般几点给你打电话？

阿斌：晚上十点左右。

治疗师：昨天晚上十点左右你有什么想法？

阿斌：九点半后，我盼望她能给我打电话；十点半后，我知道她不会给我打电话了。一想到她不再爱我，我的心情越来越不好，内心越来越焦虑不安，导致昨晚又没有睡好。

治疗师：如果昨晚她给你打电话了，你会怎么想？

阿斌：我觉得她应该还是爱我的。

治疗师：以前她给你打电话，你也这样想吗？

阿斌：是的。

治疗师：她给你打电话，你就觉得她爱你？

阿斌：是的。

治疗师：她不给你打电话，你就觉得她不爱你？

阿斌：是的。

治疗师：你女朋友近段时间没给你打电话，你觉得她要和你分手？

阿斌：是的，我是这样想的。

这个例子中，阿斌的思考规则是：女朋友近来没有和他联系→就是不爱他，想要和他分手；反之，如果给他打电话→就是爱他，不会和他分手。

女朋友近段时间没和阿斌联系（情境）→女朋友想和他分手（思考规则）→心情不好，焦虑不安（情绪）→失眠（生理反应）

阿斌的反应属于自动思维，本身很难察觉正在使用的思考规则，但对最终的结果每个人都毫无怀疑地接受，因为大部分人都认为自己的核心信念是正确的，人的理性随着"新证据"的出现却会改变自己的思考规则。逆向思考一下，阿斌的焦虑想要得到平复缓解，就要找出新证据，证明他的思考规则是错误的。

第三步：找证据

如果一个人的思考规则是错误的，就会导致错误的反应，做出不合理的行为，所以最后要找出证据，来验证思考规则是否合理准确。

治疗师：你凭什么判断她不和你互动，就是想和你分手？

阿斌：经验。

治疗师：什么经验？

阿斌：我以前交往的几个女朋友，分手前也是这样怪怪的。

治疗师：你这怪怪的也是指打电话吗？

阿斌：是的，联系变少。

治疗师：除了经验，你还有什么依据能判断你女朋友要和你分手？

阿斌：（认真想了想）没有了。

治疗师：你只凭这一点，就觉得你女朋友要和你分手？

阿斌：是的。

治疗师：你觉得你这想法准确吗？

阿斌：好像不完全准确。

治疗师：为什么？

阿斌：可能是我多虑了。

治疗师：现在，你还会觉得你女朋友不和你联系，就是为了想和你分手吗？

阿斌：好像不会。

治疗师：能确定吗？

阿斌：但是我还是不能确定这是什么情况。

治疗师：对于不确定的事，你平时会选择什么方法？

阿斌：直接询问。

治疗师：现在想试试吗？

阿斌：好像不想。

……

上面案例中，阿斌的思考规则是由过去的经验支撑着，除了这点再没有其他证据，通过对话聊天，到最后他自己都察觉到这个思考规则站不住脚。

"苏格拉底式对话"疗法就是通过聊天引导，发现原有的错误思考规则，建立新的思考规则。有了新的思考规则后，还要进一步对话，通过搜集新的证据来修正原有的思考规则，用新的证据来支持和肯定新的思考规则，使其符合逻辑或现实。最后，修正后的思考规则引导出现新的行动或情绪，错误的思考规则引起的焦虑情绪被成功平复。

改变想法才能改变情绪

在众多认知行为疗法中，其中有一种叫"自我教导法"，它用自我教导的方法，通过改变情绪从而有效地影响行为。焦虑症者如何通过自我教导来改变焦虑的情绪呢？需要我们改变常规思维，运用逆向思维的方式进行解决，主要方法有以下几种。

1. 学会跟自己讲道理

当一个人被焦虑情绪包围时，一定会有消极的自我陈述，比如默默自语，或者内心独白。要想有效地缓解自己的焦虑情绪，焦虑者可以用正面积极的陈述，教导自己去对抗消极陈述和消极情绪。

一位大学刚毕业的年轻教师，即将第一次走上讲台，想到将有几十双眼睛齐刷刷地盯着自己，他不由自主地心跳加快、四肢发抖、口干唇燥、心情极度紧张。他很担心，如果第一堂课都没有上好，学生们一定会认为他是一个没有能力的老师，以后肯定会看不起他，他很想逃离学校，不想面对即将到来的这一刻。

但是他知道，这是职业生涯的开始，必须要挺过去。他想到自己高考后填报志愿时，曾热血沸腾地想要做一名好老师，现在终于到了实现理想的时候，他决定勇敢面对。他深深地吸了一口气，对自己说："我不是紧张，是因为太兴奋了，这是我教师生涯的开始，是我人生中的第一堂课，为了我钟爱的教育事业，我一定要把这堂课上好，并且我相信，一定能成功。"

等上完课，继续进行积极的自我陈述："我成功了，兴奋的情绪帮助我更加成功！"

2. 肌肉放松

放松全身肌肉，运用肌肉松弛反应是"对抗"紧张焦虑情绪的有效措施之一。自我教导结合肌肉放松训练，效果会更好。

3. 对自己说肯定的话

焦虑的根源往往是认为自己对不确定的事物没有处理能力，如果对一件不确定的事有相应的处理方案，就不会产生强烈的焦虑情绪，

第六章
改变认知行为：平复焦虑其实并不难

反而会很有把握，所以增加自信心是对抗焦虑的另一种有效方法。平时，多对自己说一些肯定的话来教导激励自己，让自己的情绪更积极。

丫丫不久前刚被单位晋升为统计科科长。一次，她走到卫生间门口，听到里面有两个同事在议论她。一个说："就她那水平，凭什么当统计科科长。"另一个说："是啊，来单位才一年就做了领导，肯定是仗着年轻，把哪位领导给迷住了。"第一个接着说："说不定是这样，现在的年轻人，做事就是没有分寸……"

听到同事的议论，丫丫很气愤，真想冲进去和她们理论一番。但是她转而一想："炭越洗越黑，我是凭本事坐上这个位置的。当面问她们，她们也说不出个所以然，只是给自己添堵罢了。与其气冲冲地质问她们，不如努力工作，让时间来证明一切。"

当丫丫这样想时，积极的情绪替代了消极情绪，行动也变得积极向上，并且有了努力的方向。

4. 找一句座右铭激励自己

座右铭是用来激励自己、鞭策自己，或者提醒自己不足之处的警句名言，这些话是中外名人结合自己独特的人生经历总结出来的经验，有很大的借鉴作用。找一句适合自己的座右铭，时时记在心上，为自己的人生注入一剂强心针。

5. 多训练

即使是生活中的小事，也要时时注意用积极的想法替代消极的想法，通过平时多训练，有助于养成用积极情绪思考问题的习惯。

媛媛上班路上遇到堵车，迟到了五分钟，被领导扣款20元。

消极的想法：领导真无情，我都和他说了迟到的原因，还扣我

逆向思维：
如何化解你内心的焦虑

20元钱，今天真倒霉！

积极的想法：还好我只迟到了五分钟，遇到堵车这种事，费时可长可短，假如迟到半个小时或者更多时间，那就扣得更多，今天真是幸运。

同样的一件事，想法不同，情绪完全不同。当养成用积极的情绪思考问题的习惯后，以后遇到任何事情，都会有积极的想法和积极的情绪。

当我们预感到某时、某事或某人会给自己带来焦虑情绪时，可以提前用自我教导法，给自己打预防针，这样当事情真正来临时，自己就不会钻牛角尖，相对来说，情绪和行为都是积极的。当自己不知不觉被焦虑情绪包围时，通过自我教导法，改变思考方法，用积极的想法去替代消极的想法，以此来达到平复焦虑的目的。

多识辨自己不合理的想法，它们一旦出现，就要引起重视，及时转换思维，用积极的想法去取代消极的想法，不把自己推向焦虑的更深处。如果令自己焦虑的是一件大事，可以把它分成若干个小部分，把每个小部分运用自我教导法降低焦虑情绪，这样就缓冲了一件大事造成的焦虑情绪。

第七章

停止无效努力：通过自我疗法治愈焦虑

　　焦虑者想要获得新的人生，就要去热爱生命里的一切，不为未知的一切担心和焦虑。可是，许多人总活在不确定的焦虑中，生命也就失去了存在的意义。人生最大的敌人永远是自己，焦虑者要勇敢面对焦虑的根源，通过自我疗愈，找到开启幸福人生的金钥匙。

逆向思维:
如何化解你内心的焦虑

寻找生命的意义

　　奥地利著名的精神医学专家、心理学家弗兰克尔认为:"人是由生理、心理和精神三方面的需求满足交互作用统合而成的整体,生理需求的满足使人存在,心理需求的满足使人快乐,精神需求的满足使人有价值感。"很多人在遭受生活挫折时,在焦虑不安的状态中,失去生活的目标,感受不到活着的意义,出现"存在挫折"或"存在空虚"的心理障碍。

　　人类生存的原动力,应该是了解存在的意义。一个人在做一件事时,应该对如下问题有明确的答案:"我为什么这么做,这样做的意义是什么,有没有必要这样做?它能给我带来什么?"如果一个人能清晰地回答这些问题,就能解决生活中很多的烦恼和焦虑;相反,一个人如果不能明确回答上面的问题,只能说他活得很迷糊,不懂得生命的意义。

　　一位心理医生去看望他得了心脏病的朋友,朋友一脸焦虑地对他说:"一天中,总有几个时间段,我的心跳特别快,我真怕生命会随时终结。"心理医生说:"没事的,你只是心理压力太大了。"心脏病患者听朋友这样说,立即拉过他的手,放在自己心脏的位置,激动地说:"你是坐着说话不腰疼,你摸摸这里,你摸摸这里,是不是跳得

第七章
停止无效努力：通过自我疗法治愈焦虑

特别快？啊，不对不对，为什么跳得这么快，我是不是要死掉了，是不是就要死掉了？"心脏病患者的声音几乎就要变成哭声了。

病人把注意力集中在他的心跳速度上，对心跳特别敏感，因为对死亡的恐惧，不知不觉夸大了事情的后果，产生了许多不合理的焦虑。心理医生意识到，朋友这种沉重的心理负担，将比疾病更容易摧垮他的健康。他拉着朋友坐下来，说："生老病死是每个人都要经历的，你的担心害怕不会带给你什么，你这样做没有任何意义。死神也不会因为一个人的担心害怕，就会选择放过他，对于每个人来说，最重要的是珍惜当下的每一分钟。"

心脏病患者听了朋友的话，低头不语。心理医生继续说："来，我们做个游戏，看看你有没有办法让它跳得更快一点，让你的焦虑情绪更严重一些？"心脏病患者虽然不理解朋友为什么要他这样做，在朋友的坚持下，他还是尝试了。结果时间过去了几小时，他都没有办法让心跳加速，也没有办法加重焦虑程度。相反，心跳速度反而变慢了，焦虑水平也降低了。

心理医生告诉他："很多时候，你越是为一件事情感到焦虑，它越是会发生；你越是不把它放在心上，它越是会放过你。记住，过好活着的每一分钟，才是生命最大的意义。"

心理医生告诉朋友的道理，就是运用了弗兰克尔创立的意义疗法中的"矛盾意向法"。矛盾意向法也叫矛盾取向或自相矛盾意向法，其主要治疗机制是当患者出现某种心理症状时，不要强迫自己与症状做斗争，要反向认识，在行为或思想上努力让症状继续下去，这样做时，反而能从现有的症状中解脱出来。矛盾意向法表明人具有超越自己的能力，同时具有改变自身不良状况的能力。这种方法可以控制住

逆向思维：
如何化解你内心的焦虑

焦虑，让人精神松弛、从容地应对环境。

生活中，焦虑者总是习惯把一些鸡毛蒜皮的事夸大成不堪承受的后果。如果能转换思维，反向去想，通过矛盾意向法挖掘生命的意义，不过分夸大不确定的后果，把注意力放到更有意义的事情上去，明确知道人重要的是活在当下，让当下更有意义才是生命的真谛，这样就能从焦虑中解脱出来。

米慧丽总是害怕自己患上癌症，她特别注意饮食方面的卫生：油炸类食品、腌制类食品、加工肉类食品、饼干类食品、汽水可乐类食品、罐头类食品、烧烤类食品……只要听说是易得癌的食品，她都坚决不碰。可是，命运却和她开了个玩笑，她竟然得了淋巴癌，这让她百思不解，怎么都不相信自己的养生失败。

事实上，米慧丽之所以得癌症，正是因为她太关注自己的健康，不管吃什么都想着避开"癌症"两字。因为她心心念念想着"癌症"，体内的癌细胞得到"呼应"，团结起来占据了她的身体。通过逆向认识，我们才真正明白，正是因为她害怕癌症，才导致癌细胞的活跃。

幸运的是，经过治疗，米慧丽的病症得到控制，在鬼门关走了一遭的她，终于明白人生的真谛："热爱生命里的一切，不要为未知的一切担心和焦虑，过好现在，才是生命中最有意义的事，未来，谁都无法掌握。"

事物具有两面性，如果我们反向去想，便发现生活的意义需要自己去挖掘，很多身体罹患残疾的人，活得有滋有味，就像霍金、贝多芬、海明威等，他们忽视自身残疾，找到生命的意义。但是很多健全的人总是活在焦虑中，忽视眼前的快乐，找不到生命存在的意义。

第七章
停止无效努力：通过自我疗法治愈焦虑

运用意义疗法，通过寻找生命的意义，可以通过以下几种方法缓解焦虑。

1. 适度焦虑对人有益

适度的焦虑对人是有好处的，因为能促进人们做事的效率。让焦虑发挥作用，可以更好地面对问题和解决问题，从而获得满足感，找到生活的快乐和意义。

2. 过好每一天

把一天24小时当作一种轮回，把每一个醒来的早晨，看成是重生的日子，这会让我们的心情更放松。

3. 坦然面对生活中的变化

很多人在事前就开始焦虑不安，这样会损耗很多的能量和精力。学会面对生活中的变化，从现实去看问题，不让自己陷入恶性循环中，找到生命的意义所在。

弗兰克尔指出，现代人拥有生活的工具，却没有生活的意义。让我们认识到自身行为的重要性，认识到自身面临的选择和终极责任的重要性——那就是每个人的生活质量，都是由自己决定的。做情绪的主人，才能减少焦虑，才能做最好的自己。

换个角度看问题

容易焦虑的人，思考问题时往往是一根筋到底，如果能转换思维，反向去想，很多时候面对的问题，并没有想象中那样可怕。即使一件看上去很坏的事，如果在好心态的带动下，也能扭转局面，变成

逆向思维：
如何化解你内心的焦虑

一件好事情。

　　快乐是每个人都喜欢的，也是许多人一生追求的目标，我们在做每一件事之前，都希望能让自己快乐；反之，焦虑是我们不想要的，可它是我们生命的一部分，一生中，没有人可以真正逃离焦虑。生活在这个世界上，总有一些灾难和痛苦，随时可能发生在我们身上，比如疾病的来临、恋人的抛弃、亲人的离世，等等。当痛苦来临时，一些人整日沉浸在痛苦中，从而消磨了生活的热情和事业的进取；而一些人从逆向去看待问题，把病痛和灾难看成是上天的恩赐，让自己重新发现生命的价值。

　　一场车祸，让陈辉明在十七岁那年失去了双腿，庆幸的是内脏没有受伤，总算保住了性命。看着这个失去双腿的孩子，很多人建议他父母让他自生自灭，因为在一般人眼中，从此他将是一个累赘。父母看着曾经活蹦乱跳的孩子，转眼成了一个没有腿的残疾人，除了黯然神伤，只能顺其自然。

　　开始初期，陈明辉也很痛苦，整个人陷入焦虑烦躁中。但是聪明坚强的他，在痛定思痛后，觉得自己不能成为一个废人，一定要学会行走，一定不能成为父母的累赘。想要行走的愿望是那样强烈，常常使他从睡梦中惊醒。苦思冥想一段时间后，他终于想出一个好办法。他试着把自己没有双腿的身体，放到普通的凳子上，然后用双手挪动板凳，把板凳的腿当成自己的腿。

　　刚学着走路时，他沿着墙壁走。在无数个训练的日子里，自己都不知道从板凳上摔下过多少回，可是"我要行走"的信念，一直支撑着他。功夫不负有心人，终于有一天，他真的学会了用板凳行走。

　　靠着板凳行走，虽然解决了一些生活上的困难，但是漫长的人生

第七章
停止无效努力：通过自我疗法治愈焦虑

路上，自力更生才是一个人的立足之本。一次，他在电视上看到残奥会比赛，看到一些和自己一样的残疾人，在赛场上神采奕奕。他想："如果有一天我能像他们一样，该有多好啊。"

无巧不成书，一次，他在外面吃饭时，无意中听到邻桌有几个人在聊天，一个人说想要培养几位残疾飞镖运动员。说者无心，听者有意，陈辉明立即上前和那些人搭话，才知道说话的人是当地飞镖协会的主席。陈辉明眼前一下子亮了起来，恳请对方收他为学徒。他的诚心打动了对方，就这样，陈辉明成了一名飞镖运动员。

运动项目的训练，都是单调且枯燥的，特别是飞镖运动，它只有一个投掷动作，就是不断地投出去、投出去。陈辉明没有被单调和枯燥的训练吓倒，他从开始学掷飞镖起，每天早上都是五六点钟起床开始训练，晚上还会再坚持训练一段时间，真正是一天训练到晚。夏天，汗水打湿了他的衣衫；冬天，伤疤又被冻得很痛。可是他没有退缩，他最大的意念就是："命运敢给我开这样的玩笑，一定有什么重大的责任将要托付给我。"

因为陈辉明没有双腿，不能像别人那样到处走来走去，反而有更多的时间训练。经过几年刻苦训练，他终于成功了，先后获得国际飞镖联合会世界杯混合C组的冠军、全国残疾人运动会男子飞镖坐姿冠军等各类奖项，他一次次站上领奖台，并最终收获了美丽的爱情。面对灾难，他重新找到了生命的价值和意义。

听说成功可以分成两半，一半在上帝手中，一半在自己手中，在上帝手中的叫宿命，在自己手中的叫拼命。我们无法掌握上帝手中的宿命，却可以通过拼命努力，改变自己手中的另一半，当自己手中的一半超过上帝手中的一半时，你就成功了。

心态决定一切，当焦虑无法避免时，要反向思考这件事，能不能把不利转化为有利，能不能在现有的不利状态中，找到一条更好的出路。很多人面对不幸，总是想到更多不利的后果，导致自己焦虑不安，甚至失去活下去的意愿。

人不会一帆风顺，如果把焦虑转化成自我苛刻的负面思维和感受，就会被坏情绪包围。当命运向我们露出狰狞的一面时，要去逆向认识它：今天命运给予我们痛苦，必定有着极大的意义，它是通往成功路上的养料，必定会浇灌出灿烂的花朵。

当生活给了你焦虑，一定要有打破常规思维的信心与能力，这也是自我疗愈的能力。一个有自我疗愈能力的人，才能用积极、有效的方式，去接纳和回应自己遭遇的不幸。因为他们始终相信，要迎来雨后的彩虹，必定要经历风雨的洗礼。

倾听内心的声音，用写作疗愈自己

美国心理学家、人本主义心理学主要代表人物之一的卡尔·罗杰斯，在《论人的成长》一书中，肯定了写作在人们自我疗愈过程中的重要性。他认为写作是一种指向外在的活动，对于性格内向型的人来说，起到的作用尤为明显。通过写作，他们的心理获得平衡，从而让自己从焦虑的情绪中解脱出来。

情绪是一种无法掩盖的东西，你越是想要捂住它，它越是想要冒出来，最后在筋疲力尽的自我斗争中败下阵来。很多引起焦虑的原因和成长经历有关，是潜伏在体内的某个场景被瞬间激活。很多人知道

第七章
停止无效努力：通过自我疗法治愈焦虑

自己焦虑的核心信念，却不愿被外人知道，所以无法通过倾诉来获得情绪的缓解。

写作是一件极其私密的事，它既能起到倾诉的作用，又能够不被外人所知，所以选择通过写作把情绪放在文字中，是一件很明智的事。长期坚持写作，是有效疏导情绪的方法之一，更能提升一个人的自信心，让内心回归平静和安宁。

甄妮结婚不久就做了母亲。面对养育孩子带来的艰辛，再加上多重身份的不适应，她开始陷入焦虑情绪中。产假又马上结束了，她不得不回到单位上班。她干的是财务工作，因为精神状态不好，上班时整天感到恍恍惚惚，工作中不断出错。财务工作需要很高的精确度，领导看到不在工作状态中的甄妮，就把她调到一个不太重要的工作岗位。甄妮想到自己成了一个没有价值的人，内心几近崩溃，焦虑程度越来越严重。

紧接着，又遭遇了一场车祸，甄妮的小腿骨折了，她只能请假躺在床上休息。这时，她变得不想和任何人交往和交谈，觉得命运对她太不公平，活着没有意义……她甚至想到了死。转而想到孩子，她放弃了轻生的念头，为了缓解焦虑情绪，她买来一些心理书，看到在写作疗愈领域研究了近30年的心理学家詹姆斯·潘尼贝克说的一句话："记录情绪能够提高个体生理和心理的健康水平"时，为了把自己从焦虑情绪的泥潭里解救出来，甄妮开始尝试用写作进行自我疗愈。

在病休期间，甄妮一直坚持用文字记录自己的情绪，写一天中令她最高兴的、痛苦的、气愤的或者焦虑的事。坚持一段时间后，情绪果然开始有所变化，原本做事都不能集中注意力的她，通过写作，居然能够开始专心地做一件事。半年后，她的身体和精神大有好转，她

逆向思维：
如何化解你内心的焦虑

重新去单位上班。在上班的日子里，她依然坚持用文字记录一天中所经历的喜怒哀乐。她发现写作给了她很大的力量，让她慢慢找回了自己。

反向去想，不管是正面情绪还是负面情绪都是正常的，是我们身体的一部分。在记录情绪的过程中，不是对抗情绪，而是顺着情绪走，当焦虑情绪走完自己的一套程序后，它就自动消失。所有焦虑症者，都可以通过写作来进行自我疗愈。很多人可能还不明白，写作为什么有自我疗愈的功效呢？

1. 写作让情感得到宣泄

写作和说话一样，可以宣泄内心累积的负面情绪。当一个人把不愉快的事情原原本本地写出来时，等于找人倾诉了一次，绷紧的神经在写作过程中逐渐松弛下来。在情绪急救中，写作、画画、倾诉、听音乐等是缓解当事人情绪的首选方法。

2. 在写作过程中获得自信

经过一段时间的坚持写作，思路越来越清晰，文笔越来越优美。当把自己的文字拿给别人看时，说不定会得到他人的赞美，这对提升自信心大有好处。写作是一门技艺，只要细心打磨，并通过不懈的努力，就能达到一定的高度。

3. 写作开拓思维

写作的过程一定是边思考边书写，写得越清晰，思考越细致。写作能提高思考能力，当一个人越是坚持写作，思考问题就越深入。

4. 写作能提高表达能力

在写作的过程中，能够获得更直接更有力量的表达方式。写作是文字表达，说话是口头表达。胸中有墨，自然能出口成章。写作能力

第七章
停止无效努力：通过自我疗法治愈焦虑

的提高，对提高口头表达能力有着直接的作用。一个人在生活中能更好地用语言去表达自己的意思，这在人际关系中起到很大的作用。

敢于直面痛苦，才能获得重生

引起焦虑的大部分根源与成长经历有关。研究焦虑症的心理学家认为，直面造成焦虑的问题，是焦虑者摆脱焦虑情绪的有效方法之一。心理学家曾经尝试和一些陷入悲伤、绝望的焦虑症者交流，希望他们能通过叙述直面心里的创伤，发现大多数人不愿谈论。心理学家又建议让他们写下遭受创伤的过程，有一部分人写了，这部分人短期内很明显地显示出更加的痛苦，但过了一段时间后，发现焦虑水平有所下降。没有书写的一部分人，焦虑情绪没有任何变化。

由此可以证明，敢于直面焦虑问题，对缓解焦虑情绪有着极其积极的效果。心理学家詹姆斯称这种方法为"描述体验法"：就是站在今天的角度，重新去述说令你痛苦的事，让自己接受这个不愿接受的事实。

那天是大年三十，杨萍早早地做好年夜饭，等待丈夫阿宝回家，打算团团圆圆过个年。可是都快五点了，阿宝还没回来。

阿宝今年二十八岁，去年和杨萍结了婚，令人开心的是今年年初，他们就抱上了虎头虎脑的儿子。他们生活在一个偏僻的农村，除了几亩薄田，就是旱地和大山。为了让妻儿过上好日子，孩子满月后，勤劳忠厚的阿宝跟村里的包工头去外面打工。为了多挣点钱，自打出门，阿宝就没有再回家，一晃，他已在外面待了差不多一年。

逆向思维：
如何化解你内心的焦虑

　　时间到了五点半，杨萍又走到家门口探望。这时，她远远地看到包工头正朝她家走来，她再努力朝包工头后面看，却没有看见阿宝。包工头很快来到杨萍面前，脸色很难看。杨萍问他："都该吃年夜饭了，阿宝怎么还不回来？"包工头吞吞吐吐地说："阿宝、阿宝、阿宝在医院呢。""在医院，怎么回事？"一种不祥的预感出现在杨萍的大脑里。"下午两点，大家打算收工回家，阿宝准备从十三楼的脚手架上走下来，谁知一不小心，掉了下来，你还是跟我去医院吧。"

　　杨萍跌跌撞撞跟着包工头赶到医院，医生正从阿宝身上拔下各种插管，宣布已经死亡。杨萍想到阿宝为了让他们母子过上好日子，离家去打工，没想到就这样阴阳相隔，心里一紧，顿时晕了过去。

　　此后，杨萍整个人都变了，变得不爱出门，不爱说话，常常独自默默流泪。她怎么也无法接受这个事实，感觉丈夫只是出外打工，总有一天还会回来的。当有人来她家敲门，她总是高兴地跑去开门，以为阿宝回来了。直到看到门外的人不是阿宝，她才想起阿宝已经走了，那一刻，心里更加地痛。

　　杨萍的母亲看在眼里，痛在心里，建议她去看心理医生。费了九牛二虎之力的劝说，杨萍终于同意去看心理医生。医生建议她用"描述体验法"驱逐伤痛，一开始，杨萍并不接受，甚至开始仇视医生。杨萍的母亲对她说："如果你再这样下去，你的孩子都无法健康成长，为孩子考虑考虑吧。"听了这话，杨萍才下决心接受体验。

　　在述说往事时，她始终处于焦虑的情绪中，好几次号啕大哭，但是说着说着，她的情绪开始有所好转，痛哭变成低泣。当她把那天的过程完整地讲完时，发现自己已经平静了很多。

　　有歇后语说："哑巴吃黄连——有苦说不出。"不愿说出的伤痛

第七章
停止无效努力：通过自我疗法治愈焦虑

才是真正的伤痛，但是隐藏的伤痛不会消失，它每天存在于我们的细胞中，我们的血液里，时刻折磨着我们。伤痛者必须逆向认识伤痛，不断告诉自己，伤痛是无法逃避的，但是我们有权利选择对待伤痛的态度。逃避永远是懦夫的表现，只有直面痛苦，才有勇气和力量去化解痛苦，把自己从痛苦中拯救出来。

生活还得继续，哪怕再痛，也要面对现实。焦虑就像化脓的毒瘤，彻底地描述就像一把手术刀，好比给化脓的毒瘤划一个口子，让脓流出，再洗净创伤，才是彻底痊愈的良策。转换思维去认识焦虑，掖着捂着只能让问题变得更加棘手，通过彻底地描述，坦然地去接受它，从而让自己忘记焦虑，从容地去面对生活给予的一切。

暴露疗法，让焦虑无处可藏

焦虑行为是一种条件反应，当某一事物或情境被激活后，不管该事物或情境是否对人真的构成威胁，都会产生逃避焦虑情绪的想法。逃避行为不能解决问题，反而会更加激起焦虑情绪，从而更想逃避，由此形成恶性循环。心理学专家认为，焦虑者与其逃避焦虑，不如直接面对焦虑的刺激，这样能有效缓解焦虑，直接刺激法在心理学上叫满灌疗法，也叫暴露疗法。

暴露疗法是让患者直接面对焦虑的刺激，最后以没有发生想象中的结果，来证明患者想象焦虑的错误，从而消除由这种刺激引发的焦虑反应。

李慧妮看过一部电影，女主人公在北极考察时，因为天气寒冷，

逆向思维:
如何化解你内心的焦虑

头天晚上睡在睡袋里,第二天醒来,发现下肢被冻坏了,只能做截肢手术,最后成了一个没腿的人。李慧妮从南方嫁到北方时刚好是冬天,看了这部电影后,一时还没有适应北方天气的她,总担心自己的下肢被冻坏,尽管家里开着暖气,睡觉时也穿着厚厚的线裤和棉毛裤。冬天过去了,夏天来了,她上身换上薄薄的短袖衫,下身却还是穿着过冬时的衣服,始终不肯脱下来。

只要她把裤子脱掉,她就感觉下肢发冷,两腿僵硬,无法站立和行走。看到她这样,家人只能把她带去看心理医生。心理医生告诉李慧妮:"你放心,这里开着空调,并且有配套的医疗设备,保证不会让你出现下肢冻坏的情况。"征得李慧妮的同意后,医生让她躺到一条长椅子上,迅速从她下身脱下一条棉毛裤、一条线裤,还有一双长套袜,最后只剩下一条单裤。

在心理作用下,李慧妮感觉下肢冰冷,开始发抖。这时,心理医生猛然大喊一声:"啊,地震了。"并且拔腿就跑。躺在椅子上的李慧妮,一听地震了,赶紧爬起来,也撒腿就跑。跑到门外,看到心理医生正笑盈盈地看着她。惊魂未定的她才反应过来,看看自己健康的双腿,因害怕下肢被冻伤的焦虑症,一次就被治愈。

暴露疗法一般采用想象和模拟的方式,让患者直接进入最焦虑的情境,让他体验那些令自己焦虑的事情根本没有发生。患者发现最可怕的事情没有发生,焦虑症结自然就消退。人们之所以面对负面情绪时,总想选择逃避,是因为逃避后会感觉安心些。如果焦虑症者能够转换思维,从根源上认识焦虑,便会发现逃避并不能解决问题,但是成功的逃避可以获得短暂的心理安慰,患者会继续选择逃避,问题依然存在,只会让自己陷入恶性的逃避循环中,这样只会让自尊心和自

第七章
停止无效努力：通过自我疗法治愈焦虑

信心受损。

焦虑者可以运用逆向思维的方式，通过练习暴露疗法来纠正自己不敢直面焦虑根源的缺点，从而让焦虑得到缓解。练习暴露疗法需要遵循哪些原则呢？

1. 练习时间要安排得紧凑

多练习能够快速见到效果，一天练 7 次一定比一星期练一次要好得多。如果练习时间间隔长，等于每次练习都是重新开始，没有连贯性的练习，以前的练习也就起不了什么效果。最佳的练习时间是每天练习 2 小时左右，一星期至少练习 4 次以上。如果实在很忙，最少一星期也要保证 4 次，把练习融入生活中，会收到意想不到的效果。

2. 在恐惧的环境中感受恐惧

刚开始练习时焦虑感可能会增加，就像刚锻炼身体一样，肌肉会有酸痛感，一定要相信坚持就有回报。每天花一些时间让自己留在焦虑的情绪中，当你有意识地去这么做时，会发现这样的情境并没有想象中的那样可怕。在练习时，可能会出现焦虑和惊恐，不要害怕，挺过一定时间，当自己能控制情绪时就可以了，不一定要等恐惧感全部消失。

3. 接纳焦虑，和它平安相处

越是急于赶走焦虑，它越是折腾得欢，把焦虑暴露出来，敞开心扉拥抱它，一定要勇敢地去面对，这样才是解决问题的关键。因为暴露疗法直面焦虑的刺激，有着明显的优缺点。

优点：所用时间短，解决问题干脆；缺点：对患者身心冲击较大，要谨慎使用（对体质虚弱、有心脏病、高血压和承受力弱的患者，不能应用此法，以免发生意外）。

逆向思维：
如何化解你内心的焦虑

把劣势化为优势

　　生活中让人焦虑的事情对每个人来说各不相同，但有很多焦虑来自自认为的劣势。比如有的人认为长得不够好看，有的人觉得不够有钱，有的人认为工作没有别人好，有的人因为天生残缺……林林总总不如意的事，常让人们陷入焦虑之中。人有优势固然好，如果不好好利用优势，优势也会变劣势。很多人容易在优势的环境中消磨斗志，忽视潜在的危险，没有被利用的优势，也就无所谓什么优势了。相反，一些人面对自己的不利时，敢于挑战，敢于改变，最后成功地把劣势转化为优势。

　　张谷东打算搞个大型生态果园，想找几个人合作，他想到好友李大嘴和陈三栋。李大嘴是一家企业的技术科科长，年薪十万左右，上班环境整洁清爽。陈三栋是一家企业的普通员工，每天与脏兮兮的机床打交道，做着又苦又累的活儿，一年年薪才七万左右。

　　一天，张谷东约了李大嘴和陈三栋一起吃饭，把自己的打算和他俩说了，最后诚恳地说："现在大家都重视养生，特别钟爱绿色食品，我们三个是好朋友，我建议一起投资搞个生态果园，应该有不错的前景，你们觉得如何？"李大嘴和陈三栋给他的答复都是"考虑考虑"再说。

　　饭后回家，李大嘴召集家里人，和家人商量张谷东的建议。家里人一致认为，李大嘴能混到现在这个位置，已属不容易，眼下安稳最重要，目前收入已不算少了，没必要再冒风险。万一创业失败，不要

第七章
停止无效努力：通过自我疗法治愈焦虑

说损失了金钱，如果再找工作，不一定能找到现在这样的。李大嘴听了家人的一番话，经过一晚上思考，觉得很有道理。第二天一早，他打电话回绝了朋友的建议。

同时，陈三栋回家后，也和家里人商量这事。老一辈人注重安稳，父母也劝他不要搞什么创业，安安稳稳过日子为重。那天晚上，陈三栋躺在床上，左思右想，想到自己的工作又苦又累又不赚钱，如果一辈子做这样的操作工，他不甘心啊。他想："创业有风险，如果失败了，大不了重新打工，这样的工作反正随时能找到。"最后，陈三栋决定和张谷东一起创办生态果园。

五年后，张谷东和陈三栋的生态果园开始盈利，第六年收回了前几年的全部投资，第七年开始，每人平均都有了几十万的收入，随着果树的成长，收入还在逐年增加。

这时，李大嘴的单位开始走下坡路，七年过去了，他的工资仅涨了两三万。每次，他和两位好友聚在一起时，总是唉声叹气，他悔不当初啊。

人生无常，起伏不定，眼前的优势并不一定是永远的优势。拥有优势的人同样要用逆向思维去认识优势，如果不好好利用，优势很可能成为自己成长路上的拦路石。大家都有追求利益最大化，损失最小化的信念，当一个人处于劣势时，即使一无所有，损失也是最小的。这个时候，劣势反而变成了优势。没有绝对的优势和劣势，一个人只要足够努力，完全可以把劣势扭转为优势。

从前，有两个和尚是邻居，一个贫穷，一个富有，他们共同的梦想是到南海朝圣。一天，穷和尚对富和尚说："我们一起去南海朝圣吧。"富和尚说："现在还不是时候，再过几年，等我买了船，咱们

逆向思维：
如何化解你内心的焦虑

一起去。"穷和尚说："没有船我们一样可以去。"富和尚说："南海距离我们这里非常远，没船怎么去啊？"穷和尚说："我只要一水钵一饭碗就够了。"富和尚说："你开什么玩笑。"穷和尚说："如果你不去，我就走了。"说完，穷和尚头也不回地走了。一年后，穷和尚从南海朝圣回来，富和尚还在筹钱打造船只。

从客观条件来说，富和尚比穷和尚好得多，如果从常规思维来说，应该是富和尚更有可能完成去南海朝圣的事。但是现实并非如此，穷和尚改变常规思维模式，采用逆向思维的方式，才没有被现有条件所束缚，为了实现目标，勇敢地用实际行动来代替想法，最后终于获得成功。同一件事对不同的人来说，体现的优劣势不同。不管拥有优势还是劣势，都不是完成目标任务的决定性因素，完成目标的关键是如何看待和运用自己所拥有的，如果方法妥当，劣势就是优势。同样的道理，当我们为自己的劣势而焦虑时，就应该想办法把劣势转化为优势，这时焦虑自然而然就没有了。那么，我们该如何把劣势转化成优势，从而避免焦虑呢？

1. 心态很重要

即使自身条件不够好，只要调整好心态，合理利用自己拥有的条件，就能把劣势转化为优势。

2. 逆向思维

任何事物都有两面性，不要放大自身的劣势，这样只会让自己消磨信心，而是要去分析劣势带给自己的好处，总结归纳劣势的有利之处，把现有的条件都充分利用起来。

3. 挖掘有利因素

不要被不利因素吓倒，挖掘出自身的有利因素，决定一件事是否

第七章
停止无效努力：通过自我疗法治愈焦虑

能够成功，除了信心和努力，身外之物的决定因素并没有想象中的那么重要。

4. 把眼光放远

一定要把眼光放远，而不是只看着眼前利益。如果只看着眼前利益，等于是看着脚尖走路，那就永远走不远。

5. 看形势

结合环境和自身因素，看清形势，哪些能带给自己更好的结局。做任何决定都有风险，不管结果如何，都要有勇气承担不同的结局。

不要因为自己现阶段处在劣势中，就总是焦虑不安，要通过逆向认识，去发现劣势中的优势，才能让自己更接近成功。一个敢于面对自己的劣势，并不断努力和积蓄力量的人，终有一天能把劣势转化为优势，从而取得不一样的成功。

尽最大的努力，做最坏的打算

焦虑是因为对现实生活中的威胁持过分夸大的后果，面对问题只强调不利因素，而忽视有利因素。为了不让不确定的后果困扰自己，面对让自己焦虑的情境，有些人干脆做最坏的打算，这样一来，反而没有了焦虑。确实，当一个人已经处在最低谷时，还有什么好焦虑的呢？因为以后他走的每一步路都是上坡路。当然，这个时候最重要的是如何去努力，让结果变得更好。

一个男孩到了服兵役的年龄，但是他不想去当兵，害怕死在战场上，因此他食不知味，夜不能寐，整天忧心忡忡。父母见他这样，也

逆向思维：
如何化解你内心的焦虑

不知道该如何劝解他。

一天，邻居大爷看到一脸不开心的男孩，问他："孩子，你有什么心事吗？看你整天愁眉苦脸的。"男孩说："我不想去当兵。"大爷问："为什么？"男孩说："我怕战死在战场上。"大爷说："现在是和平年代，很少发生战争，即使发生战争，也只有一半的可能。"男孩问："如果发生战争呢？"大爷说："即使发生战争，你一半可能在部队做内勤，一半可能直接参加战斗，做内勤一般是不参加战斗的。"男孩继续问："如果刚好分配在外勤部队呢？"大爷说："那也有两种可能，一种受伤，一种不受伤。"男孩忧伤地问："如果刚好受伤了呢？"大爷说："受伤也有两种可能，一种是重伤，一种是轻伤。如果是轻伤，休息几天就好了。"男孩几乎是哭着说："如果刚好重伤呢？"大爷依然轻描淡写地说："重伤有两种可能，一种死亡，一种康复。"这时，男孩的神经几乎崩溃，他大叫着说："如果我牺牲了呢？"大爷说："那时你都已经死了，你就不会再有什么担心和害怕了。"

男孩听了大爷的话，突然不知道说什么好。大爷说："尽最大的努力，做最坏的打算，你会发现所有的都是获得。"男孩一想："最坏大不了就是死，我还怕什么？"他发现自己再也没有那么焦虑和恐惧了。

生活中那些看起来令人恐惧的事，经过理性分析，做出最坏的打算，就会发现其实并没有那么可怕。面对让人焦虑的情境，可以转换思维追问自己："我害怕什么？最坏又会如何？"当你能够面对最坏的结果时，焦虑也就自然而然不存在了。

曾经有人说："期望值归零后，人生都是意外收获。"确实如此，

第七章
停止无效努力：通过自我疗法治愈焦虑

我们要懂得调整心态和降低期望值。有时候，调整一下心态，重新去看待人生，说不定就会得到意外的惊喜。

古人说："谋事在人，成事在天。"命运、命运，有命也有运。有些东西如果命中注定没有，哪怕竭尽全力去追求也是得不到的。努力不一定能成功，但是不努力一定不会成功，我们唯一能做的就是努力改"运"。当我们理解了"尽人事，听天命"中的哲理，很多令人焦虑的事情就不会再焦虑。

焦虑，往往是担心不确定的事出现意想不到的结果。从逆向思维出发，转换态度和心情，干脆对不确定的期望值直接归零，给自己设置一个最坏的结果，再制订一个应对最坏结果的方案，然后拼尽全力去努力，这样得到的任何一点成绩，都是意外收获。

抱最大的希望，尽最大的努力，做最坏的打算，持最好的心态。这是最好的行事方式，也是最好的处世态度。如果能做到这样，就会放下很多事情，对于人生中遭遇的一些不幸和苦难，也能坦然处之，从而获得更好的人生。

给焦虑找一个合适的出口

在生活中，各种各样的问题都有可能引发我们的焦虑情绪。当产生不良情绪时，应该通过合理的方法加以宣泄，如果硬把不良情绪压制在体内，对人们的生理健康和心理健康会造成很大的影响。

王非在单位里人缘挺好，在别人眼里，他是一个性情宽厚、待人和善、办事稳重的人。他是搞设计工作的，在高手如云的同事间，设

逆向思维：
如何化解你内心的焦虑

计作品被淘汰是常有的事，所以，王非的工作压力很大，但是别人很难从他身上看出压力。

刚来的同事小张面对强劲的竞争压力，感觉快要扛不住了。那天，他刚好从王非的家门口路过，决定去向他讨教一下经验。王非带他去户外的草坪上，那里放着一个沙袋偶人。王非指着沙袋偶人说："每当我心情不好，或是遭遇挫折，内心憋着一团火时，我都会到这里来打沙袋偶人。打得精疲力竭时，我就躺在地上，看着蓝天白云，接受风儿抚摸。这时，你会感受到天空的博大，生命的美好，什么烦恼都没有了。七情六欲是人之常情，给自己的情绪找一个合适的出口，是缓解工作和生活带来的压力或焦虑的好办法。不然，在这个竞争激烈的社会，如果情绪得不到宣泄，说不定什么时候人就疯掉了。"

情绪宣泄不失为化解焦虑的好办法，转换思维，逆向去思考，与其待在原地接受焦虑的折磨，不如接受改变，给自己找一个合适的方法，把情绪尽情地发泄出来。情绪是我们身体的一部分，如果得不到宣泄，强行抑制，只会让自己陷入更糟糕的情绪中。合理宣泄情绪的方法很多，以下列举几种方法供参考。

（1）选择运动。跑步、散步、游泳、打羽毛球等，通过剧烈的运动，焦虑情绪会得到有效缓解。

（2）日光浴。去阳光下走走，看到灿烂的阳光，人的心情会不由自主地好起来。

（3）放声痛哭。号啕大哭是减负的好方法，负面情绪常常压得人透不过气来。通过痛哭，负面情绪带来的负能量，能随着哭声排泄出去。

第七章
停止无效努力：通过自我疗法治愈焦虑

（4）听音乐。舒缓的音乐能够平和人的负面情绪。

（5）游山玩水。情绪不好时，到大自然中走走，看到蓝天白云、青草小虫，心情自然会舒畅起来。

（6）洗个澡。洗澡能有效缓解压力，也有助于睡眠。情绪不好时，洗个澡，睡个觉，醒来后会发现心情好多了。

（7）借物宣泄。有些人心情不好时选择捏方便面；像例子中的王非选择打沙袋偶人；也可以把枕头高高地举起来，再重重地摔到地上，这类方法很多，捡自己喜欢的选择。

除了以上方法，我们可以打破常规思维，通过逆向思维的方式，也能够帮助我们消除焦虑，具体方法有以下几种。

1. 忽视不利因素

要相信自己，不要过多地被外部力量所干扰。比如当同事对你不满时，不要为这事焦虑和烦恼，选择提升自己，这样有助于建立自信心，也有助于自己的进步。

2. 多用积极的陈述

平时感受到焦虑的情境时，不要强迫自己来改变心态，而是多用积极的陈述来改变现状。比如面对焦虑的情境，正常思维是提醒自己"不要紧张"，逆向思维是提醒自己"我要放松"。当提醒自己不要紧张时，反而有可能会让自己更紧张；提醒自己放松时，提着的心好像被放了下来。平时，多用积极向上的词语，这样有助于缓解焦虑情绪。

3. 多回忆美好的情境

多回忆美好的情境，这会带给自己正能量，让自己的情绪处于积极的状态中。比如回忆考上大学的那一刻，拿着录取通知书兴奋地跑回家；想想妈妈做的红烧肉，放进嘴里满口生津；想想孩子第一次喊妈妈的时候……回想起这些美好的情境，心情好了，焦虑自然就少了。

每个人都会有焦虑情绪，给焦虑找一个合适的出口，就会拥有好心情，拥有好心情的人更能从容地面对千变万化的生活。

第八章

不为欲望所累：选择极简主义的生活

极简主义生活方式，并不是源于物质匮乏，而是化繁为简，把自己从物质的欲望中解脱出来。很多人之所以焦虑，是因为对生活没有掌控感，当我们拥有简单整洁的生活时，所有的一切已在我们的掌握中，哪里还有什么焦虑可言。极简主义生活的原则，是把剩余的金钱、精力和时间，用到更有意义的地方去，从而让自己获得更大的幸福。

逆向思维:
如何化解你内心的焦虑

极简主义可以拯救内心的焦虑

　　英国作家阿兰·德波顿说:"自从人类社会能够满足人们的基本生活需求后,人类就产生了焦虑意识。"现代社会,人们享受着前所未有的富足物质,照理来说,应该有着强烈的满足感和幸福感。事实并非如此,现代人喜欢拿自己的成就跟自认为差不多层次的人相比较,从而更容易焦虑,他们的焦虑意识比历史上任何时期的人都要强烈。到底是什么原因让大家产生如此强烈的焦虑意识呢?

　　美国的约书亚·贝克尔曾经是一家公司的高管,拿着七位数的年薪,居住在市中心的豪宅里,开着高级的名车。在别人眼里,他俨然是一个令人羡慕的成功者,但是他感到自己并不快乐。

　　年轻的贝克尔以为只有富足的物质,才能带给自己和家人幸福。他常常放弃休息日,把自己置于高强度的工作中,一年中工作日累积超过360多天。因为忙于工作,他和家人相处的时间极其有限,儿子和他不亲,和妻子的关系也日渐冷漠,家庭于他来说已是名存实亡。当妻子向他提出离婚时,他惊愕了,没想到自己辛辛苦苦地工作,却换来这样的结果。更不幸的是他突然接到母亲去世的消息,这时他发现自己已经好久没有去看她了。

　　这一刻,他发现自己的生活除了忙碌的工作和不菲的薪水,活得

第八章
不为欲望所累：选择极简主义的生活

没有一点意义。这些年在职场上，他害怕被淘汰，害怕被人追赶，始终保持着紧张焦虑的生活状态。为了让家人过上他认为的好生活，他不惜花巨资给他们买高档的生活用品，只要周围人有的，他总是想办法尽量得到。他不知道自己是从什么时候开始失眠，已经有好长一段时间需要靠药物入睡了。

贝克尔开始重新思考自己的人生，他意识到金钱永远挣不完，越来越富足的物质生活，并没有带给他更多的幸福。他明白过来，世界上最最珍贵的不是拥有多少财富，而是很多失去的东西再也不会回来，自己在曾经拥有时却没有去珍惜。

约书亚·贝克尔辞了职，回到家里，开始整理堆积在家里的物品。整理过程中，他发现很多物品只用过几次，有些物品甚至一次都没用过。他努力回忆自己买这些物品时的动机，原来很多物品只是用来和他人攀比，仅仅是为了满足自己的虚荣心。而正是这些不需品，耗去他很多的时间和精力，最后还成了占用空间的垃圾。

他决定将一些物品打包捐给慈善机构，一些物品直接扔掉。随着家里的物品一件件减少，贝克尔感觉自己的心里亮堂了很多，困扰了他很久的失眠症状不知不觉得到了改善。他开始不停地扔东西，直到只剩下288件必不可少的生活用品。

从此以后，他有了更多的时间与妻子和孩子们在一起，孩子开始喜欢围绕在他身边，妻子的脸上也露出了久违的笑容，一家人的关系开始慢慢地融洽起来。

他终于彻底醒悟过来，价格不菲的物品，不但不能增添人们幸福的感觉，而且只会分散人们的注意力，无法让人专注于能够带来幸福的事物。转换思维去想，物质焦虑其实是一种心理感受，并不是因为

逆向思维：
如何化解你内心的焦虑

缺乏物质，而是自己心理定位有问题，幸福与拥有多少物质享受并没有直接关系。

后来，贝克尔的一位朋友被单位辞退，未来的不确定让他焦虑不安，他想不明白，辞掉工作的贝克尔为什么变得如此快乐。他郁郁寡欢，找到贝克尔，贝克尔把自己的极简主义生活方式告诉了朋友，朋友觉得这方式不错，立刻回到家。给自己制订了一个21天的生活计划：他把自己所有的物品都打成包，每天只拿出需要用的生活用品，对于21天里一直没能用得上的物品，他决定处理掉。

第一天，他拿出必需的生活用品，连续九天，拿出的东西一天比一天少，第十天后，他再没有拿出其他物品。21天到了，他把没有拿出的物品要么捐给了慈善机构，要么当垃圾扔掉了，这样的生活果然让他感到很轻松。

贝克尔和他的朋友决定与别人分享他们的生活，在网上开了一个博客，点击率很快突破了几十万、几百万，甚至上千万……没想到这种极简主义的生活方式，立即在英美等欧洲国家掀起一股热浪，紧接着风靡全球，很多人认为这是一种自己想要的新生活。

当下流行的极简主义生活方式，并不是源于物质匮乏，和我们平时概念里的节俭不是同一回事，它和收入多少没有直接关联，是人们在超负荷的忙碌中想要脱离出来的一种新生活方式。抛弃物质决定生活质量的观念，反向去想，便发现极简主义是一种心态，一种生活方式，是希望人们不为身外之物所累。

鲁迅曾说："很多人焦虑，有时只是缺少对生活的掌控感。"焦虑的根源是因为我们无法掌控自己的生活，为自己没有能力处理不确定的事物而担心紧张。当明确知道自己要什么，想要成为什么样的人后，对于不确定的未来也就少了担心和忧虑，也就懂得了如何掌控生活，就像约书亚·贝克尔明白生活的真谛后，终于找到了想要的幸福一样。

物质财富并不会提高人们的幸福感，只有生活的历练才能让我们的内心越来越强大，强大的内心才能带给我们足够的安全感。现代社会之所以人人活在焦虑中，就是因为在不断追求更高层次的需要，而极简主义的生活是把人们从欲望中解救出来。

从整理开始，让生活变得简单些

美国心理学家亚伯拉罕·马斯洛1943年在《人类激励理论》论文中提出，人类需求像阶梯一样从低到高按层次分为五种，分别是：生理需求、安全需求、社交需求、尊重需求和自我实现需求。当人们某一层次的需要相对满足后，就会向高一层次发展，追求更高一层次的需要成为驱使行为的动力。也就是说人的欲望是无法满足的，并不是拥有的东西越多幸福感越强烈，反而是选择越多越焦虑。

就像面对一件不确定结果的事，很多人宁愿选择最坏的结果，也不愿在不确定的未知中等待。为什么会如此？一是因为选择越多，越害怕自己选错；二是人类有很多心理特质是指向帮助人们节约认知资源，当选择很多时，在做出判断和选择时，尽量节约认知资源的期待就无法得到满足。

生活中，大部分人习惯用惯性思维思考问题。如果平常的生活方式习惯了删繁就简，在思考问题和制订应对处理方案时，也会着重于

逆向思维：
如何化解你内心的焦虑

删繁就简。焦虑者之所以常常被焦虑情绪所包围，是习惯把简单的问题复杂化，最后让自己陷入想象出来的恐惧中，从而让自己焦虑不安。

我们知道，焦虑的根源是对现实中的威胁持有偏见，过分夸大事情的不良后果，面对问题只强调不利因素，总担心出现自己无法掌控的严重后果。选择极简主义的生活方式，改变自己的想法，反向去想，首先是让自己学会放下和舍弃物质所累，从而进一步放下思想所累，这就是极简主义生活能改善焦虑情绪的原因之一。

想要拥有极简主义的生活，从整理物品开始，在扔东西的过程中，体会到放下的轻松和自在。首先要明确整理的核心信念——舍弃一切没有必要存在的东西。所谓没有必要存在的东西，指的是不是自己真正需要的东西，这不单单是指物质上的东西，也包括做事的流程、复杂的思考、人际沟通的环节等，不管从工作还是到生活，一概要有这个理念。

在舍弃物品的过程中，明确自己要什么，不要什么，要有清晰的思维，准确的判断力。在物品取舍上养成极简主义的习惯，是为了影响思维的极简主义，这是摆脱焦虑的源头。

说到底，哪些是我们不要的呢？简单地说，就是舍弃自己不需要的东西。物质的富足对人是一种羁绊，只要能舍弃，心灵就会轻松。生命中有很多东西羁绊着我们，比如不需要的物品、不必要的做事流程，还有不健康的人际关系等。"二八法则"告诉我们，人们拥有的东西20%是我们需要的，80%的东西我们根本不需要。逆向去认识，所以简化自己的生活，就是简化自己的思想，就是给思想减负。

以下几种方法就是通过逆向思维的方式，进行概括和总结而

第八章
不为欲望所累：选择极简主义的生活

出的。

1. 立即开始，行动是一切成就的保障

生活中很多时间都是浪费在等待中，"我今天没空，等明天"，"我现在没空，等一会儿"，"我暂时没空，等有空时"。不要给自己太多的借口，没有一个人会觉得自己的时间很充足，从现在开始，立即行动，行动才是一切成就的保障。当你开始整理物品时，会发现自己居然买了那么多无用的东西，这时你需要逆向审视自己。

2. 归类整理，果断丢弃

对拥有过的东西都会产生感情，一直舍不得丢弃的东西自有留存下来的理由。在舍弃东西时，一定要谨记舍弃的核心理念：按是否需要进行归类，而不是凭感觉，不然不能真正做到断然舍弃。

在舍弃时，准备几个箱子，在每个箱子上写上盛放物品的关键词，比如丢弃、有用、待用。然后在整理时，每件物品按照关键词，放到相应的整理箱里。每件物品一定要一次做决定，不要放一旁等最后做决定，这样永远整理不完。实在做不出决定的东西，就放到标有"待用"的箱子里，整理好后，放到角落里，如果半年或一年没有打开过，就果断丢弃。

不喜欢的、不常用的、没用的、不好用的都果断丢弃；有些东西很喜欢，却从来没有用过的，归纳到不需要的一列中；重复的物品果断丢弃，比如同样的两个水杯，不管喜欢不喜欢，丢弃一个。

3. 有纪念意义的物品，选择性丢弃

很多东西有纪念意义，比如结婚纪念日爱人送的礼品，去海边捡的贝壳，大学同学送的纪念品等。选择几件特别有意义的纪念品留存下来，大部分都丢弃。我们要活在当下，友情、亲情、爱情记在心中就好，对某个人的感情并不是一件物品所能承载，寄托情感最好的方式永远是记在心里。果断舍弃，不是绝情，是为了更理性地对待生活。

极简主义并不是说东西越少越好，而是让生活变得简单，把时间、精力、钱财用到更恰当的地方去，而不是无端地浪费。每个人的时间、金钱和精力都是有限的，当浪费在一处时，必定忽视了另一处。抓住生活的重点，有目标地去追求，让自己付出更少却获得更多，这是一种理性生活，是为了让自己过得更好。

现代人之所以焦虑，是因为在拥挤中生活，拥挤的空间、拥挤的时间、拥挤的人际关系……极简主义让我们拥有更多的时间去做更有意义的事，当注意力不被外界干扰时，工作效率得到有效提升，生活品质也随之提高。当发现自己从拥挤中摆脱出来，学会享受当下的生活时，产生的情绪更积极，负面情绪不知不觉被正面情绪所代替。

拥有并不等于幸福

这是一个物欲膨胀的年代，也是一个消费至上的年代，生活中充斥着各种各样的物质消费品，不断膨胀的欲望，成为人们焦虑的源头。人的购买欲一旦被激起，会习惯于不停地购买，拥有并不等于幸福，看着越囤越多的物品，人们反而会越来越焦虑。

在物欲横流的时代，大家都在为焦虑买单。男人买更高级的汽车，并不是原来的不能用，而是为了显示自己的地位和尊严；女人们不停地买衣服和化妆品，是想要留住青春，而时光对每个人都是公平

第八章
不为欲望所累：选择极简主义的生活

的；孩子们进各种补习班，是希望他们能赢在起跑线上……不停地购买都是源于内心的焦虑，人们在购买时获得短暂的心理满足后，新的欲望又会被焦虑所代替。很多人看着家里越来越多的东西，并没有轻松感，反而感到越来越疲惫。

物品只能被人利用，人却不能沦为物欲的奴隶，很多人挣得越多，消费越多。他们在购买时失去理智，买回来后又开始自责，很多焦虑就是来源于这种自责。为了提高生活品质，是该为自己的生活"瘦身"，丢弃那些多余的东西，等于丢弃多余的负担。极简主义的生活并不是让我们在物质上失去很多，而是在精神上给予我们更多。

周末，淑雅打算在家里进行一次大扫除，她决定首先从储藏室开始，看着储藏室里堆积似山的物品，她发现这不是一个简单的活儿，要比想象中耗时很多。看着无从下手的物品，内心顿时焦躁起来。邻居看到一脸急躁的淑雅，说："你拥有的越多，被占有的越多。"

听了邻居的话，淑雅茅塞顿开，意识到自己很多时候的焦虑，是因为这些一辈子也可能用不到，却始终舍不得扔掉的物品。她突然明白，拥有并不一定等于快乐，生命中很多拥有的东西，不但不会给我们带来幸福，反而会分散注意力，让我们没有时间和精力去追求真正想要的幸福。

她终于下定决心，要舍弃掉这些生活中不需要的物品，要过上极简主义的生活。

很多人总认为自己不幸福，是拥有得不够多。其实从逆向思维去认识这个问题，很多时候之所以不幸福，正是因为我们拥有得太多。一个人生活过得好不好，从家里的物品可以看出来，如果家里的物品

逆向思维：
如何化解你内心的焦虑

杂乱无章、堆积似山，这样的人家一定过得不幸福；那种把家里整理得干干净净的人，因为拥有一颗平和的心，反而更容易感受到生活的美好。

前者之所以很难感受到幸福，是因为他们不懂得舍弃，不懂得放下。生命中有很多东西不是我们能控制的，哪怕非常努力，也有许多东西是不一定能得到的。幸福来源于内心的安定，一个内心安定的人，并不会被物欲牵着鼻子走。

淑雅那天在整理时，看到很多物品连包装都没有拆开过，想到那些被自己浪费的钱财，内心很是自责。自那天后，再购买物品时，她必定问自己："这是生活必需品吗？"当答案很明确地说"是"时，她才会买下。如果发现自己只因为别人在买或者是因为促销而想买时，那几大袋被扔掉的物品就会浮现在她眼前，瞬间理性就战胜了感性。

这样的日子坚持一段时间后，她发现自己身心越来越愉悦，每次打开储藏室，看着空出来的空间，困扰了她很久的压抑感也没有了。以前她总是因为不停地找东西而感到焦虑不安，现在家里不多的物品各就各位，什么东西在哪里心里清清楚楚。每当看着摆得整整齐齐的物品，心里很轻松。

当一个人把自己从拥挤的物品束缚中解放出来后，身心感到特别的轻松。极简主义生活提倡以少胜多，以质胜量，清除掉99%对自己无用的东西，集中精力过好剩下的1%，你会发现自己对生活的驾驭能力越来越强。

极简主义的生活听起来是如此美妙，那我们如何做到极简呢？这就需要我们逆向思维，从以下几步去努力。

第八章
不为欲望所累：选择极简主义的生活

1. 降低拥有金钱的欲望

很多时候，我们急于购买一件物品，拿回家却发现不满意，不满意的根源不是金钱和物品，而是对自己。如果一个人内心贫穷，再多的金钱也给不了他富裕感；如果一个人内心充盈，只要能吃饱穿暖，他就觉得很幸福。生活是自己的，不要去羡慕别人的生活，幸福和金钱没有必然的联系，而是和自己制定的标准有关。很多焦虑来源于对物质的向往，降低拥有金钱的欲望，人的情绪会积极很多。

2. 少浪费时间

在我们的生命中，时间是最宝贵的。放下过去，不期待明天，最好的生活方式是过好每一个今天。极简主义生活就是从物欲中解放出来，拥有更多自由支配的时间，去享受自己想要的生活。少浪费时间就是多拥有自由，当我们拥有更多可以自由支配的宝贵时间，梦想也就离我们更近。

3. 提高工作效率

工作不是越忙效率越高，一定要注意工作方式和合理利用时间。当我们过上极简主义生活时，意味着减少了很多被外界干扰的机会，工作时能够更加集中注意力，这样有助于提高工作效率。定期整理办公区域，只留下必要的办公用品，极简是保证高效率的前提。

4. 不急不躁地过生活

过有规律的生活，适当进行体育锻炼，利用空余时间进行阅读，放弃无效社交，多参加一些公益活动。让生活慢下来，再慢下来，得到滋养的心灵，能够让内心的焦虑得到平复，人会越来越有精神。

打破常规思维去认识生活的真谛，生活中 99% 的事情与我们无关，只要过好 1% 的生活就行。习惯于焦虑的人们，当明白这个道理后，应该放下很多了吧。我们只需要拒绝多余的东西，在自己拥有的东西中发现生活之美，人生就足够幸福。

互联网时代，如何过健康的生活

网络上形容手机的一个段子很真切："如果有来生，我不做你的红颜、知己、爱人，不做你的任何人，我就做你的手机。那样你会每天把我捧在手里，贴在你的脸上，放在你的唇边，我知道你的一切，了解你的所有。如果有一天，你匆忙间把我忘在哪里了，你会着急地四处寻找，不是我黏着你，而是你离不开我，你若欺负我，我便死机给你看！"处在互联网高速发达的时代，手机确实成了很多人离不开身的社交工具。

这个时代，我们最不缺的就是信息，各种各样的信息铺天盖地而来，人们常常沦陷在无数的打折商品、娱乐新闻、工作信息、社交软件等信息中。大家每天忙忙碌碌，像上紧发条的钟，看着那么努力，却越来越焦虑。欲望那么多，我们还能找到幸福吗？真正的幸福能够在马不停蹄的忙碌中得到吗？

如果我们愿意静下来逆向去想，就会发现，想要的东西太多，真正需要的东西其实并不多。太多的欲望让人焦虑，是因为大家把"想要"和"需要"混为一谈。需要是指人们日常维持正常生存的物质条件，是人们赖以生命延续的必需品；想要是指个人认为想要拥有的物质或精神上的需要。需要本质上是不浪费，想要却是不同的人有不同的生活态度。

第八章
不为欲望所累：选择极简主义的生活

大家在不断地忙碌，不断地焦虑，是希望能得到想要的，却忽略了自己需要的。极简主义生活原则就是遵循"少即是多"，当我们明确知道后，只要为需要的努力就行，生活就会慢下来，负面情绪也会相对减少。

以前网瘾是个大问题，出了很多网瘾少年，现在说"网瘾"这个词的人变少了，不是没有网瘾的现象了，而是几乎大家都成了网瘾。放眼望去，不管在地铁上、火车上、大街上、吃饭时、排队时……只要有人的地方，几乎所有人都成了低头族，也就是说，当大家都成为网瘾时，也就不是问题了。

现在很多手机应用，是为了解决人们对未知带来的焦虑和采取自我安慰的做法。不知道去哪里，下载应用地图；不知道吃什么，装大众点评；不知道看什么新闻，装一堆新闻应用软件，不想出门去吃饭，就点外卖……互联网带来的便捷，让手机的应用越来越广泛，下载一大堆应用软件，内存越来越不够，于是手机换了一部又一部，很多人换手机仅仅只是因为内存不够大。这些行为，不但分散了我们的注意力，而且也让我们更焦虑。

当我们提倡极简主义生活时，并不是单一地减少物品，也要对互联网生活进行精简。42岁的极简主义者艾伦·提维特说："六年前我就抛弃了电视，因此我不会有消遣性的购物活动。我家接触的广告比别人少得多，我确信这会让我更容易少买东西。我已经明白物质对生活的改善是有一个临界点的，一旦超过这个点，物质就会开始成为我们的主人。"她认为远离广告是帮助人们减少购买物品的关键之一，不购买物品也是减少焦虑的有效途径之一。

想要过上极简主义的生活，不但要减少不需要的物品，也要清理手机里的垃圾。垃圾最多的地方不是单位和家，而是手机和电脑。想要远离互联网带给我们的焦虑，就要给手机瘦身。那么，我们该如何去做呢？

1. 清理过期信息

手机上的短信、关注的公众号、微博留言、邮箱等，定期清理过期的信息。

2. 精简信息输入源头

各网站的主题内容大部分都差不多，果断删除一些信息来源，只剩两三个就够了。我们很多时间浪费在毫无价值的资讯上，知乎上以前关注的一些话题，微信上关注的公众号等等，你勉强自己一段时间不看，发现那些曾经每天必看的信息内容，其实并没有那么吸引人。

3. 减少社交工具

五花八门的社交工具，正大量吞噬着我们的宝贵时间。少看微博、微信朋友圈、QQ空间等内容，它们只会浪费时间，并不能提高内在的知识。真正想要提升自己，建议还是用节省下来的时间去阅读经典名著，经典阅读能让人变得更优雅。

4. 定期远离手机

工作时，把手机设置成静音，再放到抽屉里，眼睛看不见，耳朵听不见，给自己一个安静的工作区域，这样会大大提高工作效率。现代人们工作时被不断干扰，已成为影响工作效率的第一障碍。

5. 定期清理相册

相册里很多相片并没有多少意义，定期清理相册，留一些有意义的相片就行。当你看到相册里留下的都是精品相片时，人会感到特别轻松和愉悦。

第八章
不为欲望所累：选择极简主义的生活

极简主义生活方式需要人们留意与我们生活有关的所有物品，除了减少不需品以外，还要减少无效社交，让自己掌握更多自由支配的时间，这会让我们更重视自己的生活品质，也有能力去追求我们想要的生活。

物质焦虑背后的真相

不知从什么时候起，焦虑已经成为全社会最热门的话题之一。不管是一般的工薪阶层，月薪上万的白领，功成名就的企业家，抑或是重权在握的官员们，各个阶层有着各个阶层的焦虑，整个社会仿佛进入了不焦虑不人生的大时代。出乎意料的是，在这个物质前所未有丰富的时代，很多人竟然因为物质而产生焦虑。

例1：丁一在一个县城打工，是单位的一名普通员工。不久前才结婚的他，和妻子租住在一间四十平方米的房间里。房间中间隔了一堵墙，里间算是卧室，外间作为厨房。周围居住的都是打工族，他们很难安稳地睡上一个晚上，不是半夜被左邻右舍的吵架声吵醒，就是被邻居家孩子的哭声闹醒。每天临睡前，他和妻子说得最多的话题就是，不知道什么时候，能在县城买上一套属于自己的房子。

例2：王二硕士毕业，今年30岁，在一线城市的一所中学里当老师。他很少出校门，即使是双休日，基本也是待在学校宿舍里。在这物价飞涨的时代，吃顿饭都要几十元，一个景点门票少则一两百元，多则几百元。他不敢外出啊，一是攒点钱为以后结婚成家作打算，二是寄点钱回农村老家孝敬父母。

例3：张三是一家中型企业的老板，在别人眼里也算是成功人

逆向思维：
如何化解你内心的焦虑

士，住豪宅、开豪车，有着占地十几亩的厂区。但是只有他自己知道，看着银行里的贷款，每年光利息就是几百万，而很多业务往来单位，却长期欠着货款。他常常焦虑不安，担心如果有一天出点意外，光贷款就压死人。

时下很流行的一句话说："贫穷限制了我们的想象。"很多人以为物质焦虑只会发生在不够富有的人身上，其实并非如此，真相是人人都可能有物质焦虑。物质焦虑与拥有多少物质并没有直接关系，它是一种心理感受，是每个人心里对自己拥有物质多少的定位。突破常规认知，逆向去思考摆在眼前的问题，你会发现让我们感到焦虑不安的往往不是外在的东西，而是内心对自我的评估太低，总担心自己的物质财富不能让自己过上想要的生活。

一个人内心的安定与金钱的多少没有直接联系，安全感低的人拥有再多的财富，还是没有满足感；有的人没有多少财富，却愿意慷慨解囊去帮助比他更困难的人。比如我们不时在网上看到的一些热点新闻，说的是清洁工等一些低薪层次的人主动去帮助关怀他人。虽然他们没有富足的物质条件，但是他们的精神很富有，一个人内心的力量不是金钱所能掌控的。

很多人引发焦虑的原因和事件本身没有多大关系，而是和潜伏在体内无人知晓的秘密或隐私有关。焦虑的本质是缺乏安全感，包括物质焦虑也一样。

慧慧小时候家里很穷，即使过年，也很少有机会穿新衣服。但是她人穷志不穷，经过十年寒窗苦读，终于考取一所师范大学。大学毕业后，顺利地当了老师，后来，又找了一位公务员老公，组成了一个小康之家。她最喜欢做的事就是不断地买衣服，家里几个房间的衣橱

第八章
不为欲望所累：选择极简主义的生活

里，几乎都是她的衣服。即使她已有几衣橱的衣服，她还是忍不住要买。只有她自己知道，不停地购买衣服背后的隐痛。

慧慧不停地买衣服的焦虑，是因为小时候物质生活匮乏埋下的隐患。安全感并不是靠多少物质就能填满，而是要找出焦虑背后的真相，然后对症下药，才能最终解决问题。

人维持生活所需的物质并不需要多少，人们对物质的焦虑往往是陷在"想要"的境况中，把"想要"当成"需要"是造成物质焦虑的最大原因。欲望是个无底洞，是无法填满的。人们往往不是驾驭物质财富，而是被物质财富所奴役。

转换思维去分辨生活中我们"想要"和"需要"的东西，努力让自己从物质的欲望中解脱出来，只为"需要"的物质努力，那些"想要"的则顺其自然，这样就能获得更好的生活。想要把自己从物质欲望中解救出来，可以从以下几方面去努力。

1. 通过回忆和记录，比较物质满足和精神满足的快乐度

（1）回忆一下。当自己拥有了梦寐以求的物品后，兴奋期维持了多久时间，一年、半年、一个月、一周或者一天？多久后兴奋感消失，回归到平淡的情绪中。

（2）回想一下。把人生中自己感觉特别幸福、快乐的瞬间写下来，看看有多少个这样温馨的时刻是和物质有关的。

（3）比较一下。物质上达到的满足和精神上获得的满足，哪种快乐更持久、更让人温暖、更让人记忆犹新。

2. 核算维持生活成本，比较"想要"和"需要"在生活中所占的比例

（1）计算一个月维持生活所需的费用，看看一年到底需要多少

"必需"的生活费用。

（2）再看看家里哪些东西不是生活必需品，只是自己"想要"而购买的，这些物品消费的金钱占整个家庭金钱消费的多少比例。

（3）通过比较，看看必需的生活费用和想要的生活费用各占用了你人生的多少财富。这时，你会发现自己之所以这样累，是因为很多时间、金钱和精力浪费在了"想要"的欲望中。

3. 认识焦虑的来源

（1）制作一张表格。表格分为三部分，每部分画成8个格子，每个小时一个格子：①八小时上班；②上班外八小时；③睡觉八小时。

（2）在表格上记录焦虑。按自己焦虑的时间段，找到相应的格子涂上颜色，并写上焦虑的原因。坚持一段时间，看看是什么原因造成自己焦虑，一天中有多少时间是焦虑的？

（3）分析表格。一周分析一次，看看物质焦虑占了多少比例？反向去想，当你看到自己为太多不需要的物质而焦虑时，你有什么感想，你会采取什么行动？

如果常常感到有莫名的焦虑袭来，很多是由物质原因造成的。试着认清"需要"和"想要"，给物质一个明确的定位，当你把自己从物欲中解放出来，一些莫名的焦虑就会自动消失。

在这人人焦虑的时代，还有多少人能保持内心安定的力量？选择极简主义的生活，当内心获得富足和安宁后，就会感受到生活不一样的美。

第八章
不为欲望所累：选择极简主义的生活

告别多项选择带来的焦虑

波兰裔美国精神病学家兹比格涅夫·J.利波斯基曾经说过："比起那些没有太多选择的人，那些有着更多可以选择的人，感受到的焦虑程度更高。"这不禁让人想起布里丹毛驴效应里的那头小毛驴。

法国哲学家布里丹养了一头小毛驴，每天向农民邻居买一堆草料喂它。一天，邻居为了表示对布里丹的敬仰，多送给他一堆草，两堆质量、数量都一模一样的草，分别放在小毛驴的左右。小毛驴看着两堆距离一样的草，无法决定去吃哪一堆，只好在两堆草间走来走去。就这样，这头小毛驴在犹犹豫豫间走了无数个来回，最后被活活饿死。后来，人们把这种决策过程中犹豫不定、迟疑不决的现象称为"布里丹毛驴效应"。

哲学家布里丹由此提出一个很重要的观点，他认为自由意志会导致无所作为，过量选择却能导致决策能力的丧失。很多人觉得这头驴很蠢，其实现实中有很多人和这头驴一样，当人们面临众多选择时，常常不知道如何选择，这不但带给他们焦虑，甚至可能带给他们痛苦。人在选择时，总是倾向于追求利益最大化、损失最小化，当所要选择的利益差距不大时，就会暴露出焦虑不安的情绪。

一个姑娘带着几个朋友在服装店里试穿裙子，她看中的一款裙子有几种颜色。她的几个朋友有建议她选红色的，说显得她青春靓丽；有建议她选白色的，说显得她气质高雅；有建议她选淡黄的，说显得她皮肤更好……每个人都有不同建议，姑娘说："如果只有一款颜

逆向思维：
如何化解你内心的焦虑

色，我就不致选择焦虑了。"

选择焦虑往往存在于高价格的物品中，在低廉的物品中选择，焦虑水平就不会显得那么明显。哈佛大学认知神经科学家阿米泰·申哈与兰迪·巴克纳对此做了一系列的实验。他们拿来价格不同的一些物品，进行不同搭配：第一组是价格一高一低的两件物品，第二组是两件价格差不多的低廉物品，第三组是两件价格差不多的高价物品。

他们找来一些学生做试验者，要求每人分别在三组物品中选择一件物品。实验结果：在选择前两组物品时，他们能快速做出选择，并没有多少焦虑；在选择第三组物品时，像布里丹毛驴一样，在两件产品间不断来回走动，看看这个，又看看那个，犹豫了很长时间才最后做出决定，这时他们表露出很高的焦虑水平。

在逆向思维中，减少选择，是减少焦虑的有效措施，极简主义生活就是提倡"少即是多"，没有过多物质选择就是在源头上阻断物质焦虑。

物质的焦虑往往是人们因于"想要"中，按照常规思维判断，我们认为"要什么"和"什么情况下最幸福"的概念应该是一样的。其实不然，"想要什么，得到什么就是最幸福的"的概念是错误的。美国心理学家为了论证这个概念曾经做过如下实验：

心理学家找来100个人，在黑板上写下以下两种情况，让100个人进行自由选择：

情况1：你的月收入5.5万，但周围的人月收入都是5.8万；

情况2：你的月收入5.3万，但周围的人月收入都是5万。

问题：①你会选择哪种情况？②你觉得哪种情况更幸福？

第八章
不为欲望所累：选择极简主义的生活

最后答案揭晓，第一个问题选择第一种的有 16 人，选择第二种的有 84 人；第二个问题选择第一种的有 38 人，选择第二种的有 62 人。

心理学家得出结论："想要"和"幸福"并不是一回事。当人们面对多项选择时，并不会感觉更好，只会更焦虑。既然多项选择带给人们的是焦虑，那么，我们如何回避它带来的焦虑呢？通过逆向思维总结出以下两项应对策略。

1. 改变选择思维

如果我们选择时总是考虑利益最大化，很有可能因于多项选择的焦虑中。我们可以转换思维，将"最大利益"改成"有所损失"，面临多项选择时，要记得提醒自己，不管选择哪一个，自己都会有所收获。鱼和熊掌不能兼得，要相信有得必有失，以此来宽慰自己，选择的焦虑就会大大减少。

2. 尽量减少可选项

为什么说极简主义生活能缓解焦虑？因为提倡极简主义生活的原则是减少不需要的东西，只保留必需的生活用品。生活中只有 20% 的物品是我们常用的，当我们坚定地舍弃其余 80% 的物品，可选项就明显变少，这样我们就把自己从焦虑中释放了出来。

通过实验证明，人们并不是因为拥有的多而更幸福，而是因为"想要"而让自己更焦虑。极简主义生活是让自己懂得舍弃没有能力拥有的一部分，这是一种大智慧，也是简单生活带给我们快乐的源泉。节制欲望，接受缺憾，克服选择焦虑，在简简单单的生活中，享受属于我们的美好生活。

给生活做减法，为内在做加法

Francine Jay 在《简单的快乐》一书里写道："简约主义生活方式，需要人们留心对待自己所拥有的物品，所购买的物品，以及对时间的利用。这种生活方式是重视生活体验，而不是拥有的物品。"

时下极简主义成为一种生活时尚，但是估计很多人并不真正理解"极简主义"的真谛。那么，什么是真正的极简主义？可以借助逆向思维去理解。

1. 极简主义并不表示节俭

极简主义提倡减少生活中的物品，并不是节俭的代名词。它提倡生活中只购买需要的东西，不买不需要的东西，把省下的钱花到更有意义的地方。崇尚极简主义生活的人们，他们依然用着有品牌的物品，比如好手机、好衣服、好家饰品等。这个群体的人在真正明白自己想要什么后，果断放弃那些无谓的东西，这才是极简主义生活的核心。

2. 极简主义生活节约开支

美国曾经发表过一篇题为《生活在 21 世纪的家中》的调查报告，作者在调查过程中发现，洛杉矶 32 个中产阶级的家庭里，主妇们在处理家里堆积的物品时，压力荷尔蒙会飙升很高，这就有力论证了太多物品是人们焦虑根源的事实。提倡极简主义生活，最直接的一个好处是能节约开支，当我们开始理性消费后，很多不需要的物品再不会出现在购买清单中。

第八章
不为欲望所累：选择极简主义的生活

3. 极简主义节约精力

极简主义就是提倡简单两字：简单地生活，简单地处理问题，简单地进行社交……任何活动在简单的情况下进行。生活中的很多烦恼，都是源于我们简单的事情复杂地做，特别是焦虑情绪，很大原因是由复杂的情绪形成。就像我们小学时数学题里的简便方法，很多看似复杂的题目，只要用简便方法，就能立即口算出来，不但速度快，而且准确率高。极简主义好比是用简便方法做算术，在省精力、金钱和时间的情况下，还能获得更好的效果。

4. 简单的人际交往

现在很多人下班后，没有时间陪家人，却忙于各种应酬，美其名曰积累人脉。应酬真的能累积人脉吗？事实上并没有这样简单。每个人都是一个磁场，吸引的是和自己差不多的人，想要人脉，重要的是自我修炼，当一个人在自己的领域里有了一定成就后，别人自然会被你吸引过来。当你的能力无法与资源相匹配时，即使给你最好的人脉都没用。转换思维去考虑问题，尽量减少各种人际交往，把应酬的时间用来提升自身的能力。

思想改变行动，行动改变结果，极简主义提倡的极简，不论是在物质上、行为上还是思想上，都要努力做到极简，当三者统一在一起，就会形成一种精神动力，这种动力就是摆脱焦虑的力量。

5. 明确自己为什么想要极简主义生活

比如为了有更多的时间陪伴家人；因为工作太辛苦；想要逃避信息化时代带给自己的烦躁；或者是永不满足的欲望让自己陷入焦虑不安中……把原因写下来，放在醒目的位置，不时看看，当你感觉累时，会提醒自己生活要多做简化。

6. 给自己保留一个绝对干净整洁的空间

首先给自己设定一个位置，这个位置保证绝对的干净整洁。当你享受到干净整洁带给你的快乐和放松后，这个空间会越来越大，然后舒适的环境延及整个房间，最后延至整个居住环境。

7. 出门尽量减少携带物品

出门时一而再，再而三地减少携带物品，如果要出差四天，尝试带两天的衣服，如果到时有必要换，可以洗干净后再穿，看自己能不能适应极简主义带来的生活。

8. 不是必要的物品不买

买东西时问一下自己，想买的东西是不是必需品，如果回答"不"或者犹豫了，那就果断不买。

9. 家里一些不常用到的东西果断舍弃

①多条不常用的围巾，果断舍弃一部分；②已经不用的旧家电；③即将枯萎或已经死亡的植物；④落单的袜子和松垮的内裤；⑤廉价的饰品；⑥不看的书籍……

欲望越多，人就越不能满足，越需承受生活的焦虑。以一种积极的心态，追求个人的价值和享受当下的生活，给自己的生活做减法，就是给内在做加法。快乐其实很简单，不要强求那些不属于自己的东西，只要我们没有太多的欲望，就会感受到生命的美好。